*Springers
Angewandte Informatik*

Herausgegeben von Helmut Schauer

Desktop als Mensch-Maschine-Schnittstelle

Andrea König

Springer-Verlag Wien New York

Dipl.-Ing. Andrea König
SIEMENS AG Österreich
Wien, Österreich

ISSN 0178-0069
ISBN-13:978-3-211-82135-0   e-ISBN-13:978-3-7091-9042-5
DOI: 10.1007/978-3-7091-9042-5

Vorwort

In den letzten Jahren wurde immer mehr Wert auf die Benutzeroberfläche von Computer-Systemen gelegt. Ein wichtiges Anliegen dabei war, die Mensch-Maschine-Schnittstelle benutzerfreundlicher und übersichtlicher zu gestalten. Sie soll geeignete Methoden bieten, um zwischen Mensch und Rechner eine sichere, schnelle und ergonomische Kommunikation zu ermöglichen.

Früher mußte man ein Kommando in Textform eingeben, was aber besonders für unerfahrene Benutzer schwierig war. Mit der zunehmenden Verbesserung von Graphikmöglichkeiten wurde die Mensch-Maschine-Schnittstelle graphisch unterstützt. Durch weitere neue Technologien, wie Maus, Touch-Screen, Sprach-Ein- und -Ausgabe, können Dialogtechniken realisiert werden, die dem Interaktionsverhalten eines Benutzers immer mehr entgegenkommen.

Mit den zur Verfügung stehenden graphischen Hilfsmitteln wird der Bildschirm in sogenannte Windows unterteilt, in denen bestimmte Objekte zusammengefaßt werden können, wie z.B. alle Files eines Directories. Im Zuge dieser Entwicklung ist der Begriff *Desktop* (Schreibtisch) bekanntgeworden, wo alltägliche Tätigkeiten einer Büroarbeit mit der Benutzeroberfläche eines Systems imitiert werden. Dadurch wird für den Benutzer die Arbeit mit dem Computer erleichtert, weil sie an die alltägliche Vorstellungswelt des Menschen angepaßt wird.

Im Gegensatz zu verschiedenen System-Beschreibungen gibt das Buch dem Leser einen Überblick über die unterschiedlichen Möglichkeiten der Realisierung von Desktop-Systemen.

Der Leser erhält von den einfachsten Grundbegriffen bis zu einigen technischen Details Informationen über Desktop-Systeme. Die Schnittstelle zum Computer wird nicht nur aus der technischen Sicht betrachtet, sondern es wird auch auf die ergonomischen und psychologischen Schwerpunkte eingegangen. Es werden vom Leser keine technischen Grundkenntnisse vorausgesetzt.

Für die freundliche Unterstützung und Beratung und die zahlreichen Diskussionen über den Inhalt dieses Buches möchte ich mich herzlichst bei meinen Kollegen in der SIEMENS AG Österreich, Abteilung PSE 23, Herrn Dr. Herbert Drexler und Herrn Dipl.-Ing. Hannes Kubr, bedanken. Ein Dank auch an alle, die durch Durchsicht des Manuskripts ihren Beitrag zu diesem Buch geliefert haben.

Wien, im Januar 1989   Andrea König

Inhalt

1. Einleitung

Wozu braucht man eigentlich Computer? Man will z.B. Texte bearbeiten, Daten speichern, komplizierte Rechenvorgänge nicht mehr selbst rechnen, Arbeitsvorgänge automatisieren und eventuell in der Freizeit Spiele spielen. Vor allem wünscht man sich, daß das alles möglichst zugleich und auf Knopfdruck passiert.

Gegenüber früher, wo man mit Lochkarten arbeitete, sind wir heutzutage verwöhnt, was den Umgang mit unseren Maschinen betrifft. Vor ein paar Jahren lieferten die Programmierer meist einen Lochkartenstapel ab und bekamen dann nach einiger Zeit (manchmal erst Tage später) ihr Ergebnis in Form eines Listings wieder - meist mit Fehlern, weswegen die ganze Prozedur wieder von vorne anfing. Den Computer selbst bekamen sie dabei meist gar nicht zu sehen.

Heute sind wir an die Dialogverarbeitung gewöhnt und kommunizieren mit unseren Maschinen über die Tastatur (als Eingabe-) und den Bildschirm (als Ausgabemedium) und erwarten sofortige Ausführung unserer Wünsche. Dabei erscheint es uns ganz selbstverständlich, daß der Rechner die eingegebenen Befehle ausführt oder Text bzw. Graphik auf dem Bildschirm ausgibt.

Die für die Kommunikation erforderlichen Fähigkeiten müssen dem System per Programm beigebracht werden: Das Betriebssystem kümmert sich unter anderem auch um die Kommunikation zwischen Mensch und Computer. Für die Gewohnheiten des Menschen wäre es ideal, wenn das Betriebssystem gesprochene Kommandos vom Benutzer entgegennähme und auch auf akustischem Wege die Ergebnisse seiner Aktionen an den Benutzer weitergäbe. An so einer "akustischen Benutzeroberfläche" wird in der Forschung bereits gearbeitet, aber die Realisierung wird noch einige Zeit in Anspruch nehmen.

Nach dem Motto "Geht's nicht mündlich, so macht man's eben schriftlich" kommuniziert man mit dem Computer schriftlich, indem der Benutzer die Kommandos und sonstige Eingaben per Tastatur eingibt. Bei der kommandoorientierten Benutzeroberfläche gibt man dem Betriebssystem schriftliche Kommandos und bekommt von diesem wieder schriftliche Rückmeldungen.

Aber heutzutage ist man damit nicht mehr zufrieden, weil diese Form der Kommunikation zu stark an die Maschine angelehnt ist und zu wenig der Vorstellungskraft des Menschen entspricht. Mit der Verfügbarkeit von graphischen Ein- und Ausgabegeräten wurden graphische Benutzeroberflächen entwickelt, um die Arbeit mit der Maschine möglichst nahe an die alltägliche Vorstellungswelt des Menschen anzupassen. Mit diesen Hilfsmitteln kann sich der Anwender den Computer als einen Büroarbeitsplatz (Desktop) vorstellen, auf dem Dokumente, Aktenordner, ein Papierkorb und andere Werkzeuge simuliert werden. Der Benutzer teilt dem Computer seine Wünsche nicht länger durch Kommandos mit, sondern durch "Zeigen", indem er das Gewünschte mit einem Zeigegerät anwählt. Damit sind wir schon mitten in der Beschreibung von Desktop-Systemen, aber es soll vorher noch eine Kapitelübersicht gegeben werden:

Kapitelübersicht:

Das erste Kapitel ist diese kurze Einleitung. Im zweiten Kapitel *"Grundbegriffe"* dieser Arbeit werden die für das Verständnis eines Desktop-Systems wichtigen Begriffe vorgestellt. Weiters wird ein Überblick über die Entwicklung von Desktop-Systemen gegeben. In diesem Kapitel sind bereits Hinweise auf Desktop-Systeme, wie z.B. GEM oder Topview, gegeben, die aber in den folgenden Kapiteln noch genauer behandelt werden.

Im dritten Kapitel *"Allgemeine Aspekte"* werden ergonomische Voraussetzungen für einen Bildschirmarbeitsplatz behandelt. Im zweiten Teil dieses Kapitels wird die Mensch-Maschine-Kommunikation unter psychologischen Gesichtspunkten betrachtet, und die Probleme eines Designers bei der Entwicklung einer Kommunikationsschnittstelle werden mit drei Modellen beschrieben.

Im vierten Kapitel *"Marktvergleich"* wird die Bedienphilosophie anhand von vier Desktop-Systemen untersucht.

Das fünfte Kapitel *"Das X Window System"* stellt das Window-System X11 vor, das für die Multitasking-Umgebung Unix entwickelt wurde und sich wie UNIX als Marktstandard entwickeln wird.

Kapitel 6. *"Trends"* behandelt die neuesten Entwicklungen von Desktop-Systemen. Durch die weite Verbreitung und Beliebtheit von Desktop-Systemen werden die Systeme nicht nur praktisch entwickkelt, sondern auch theoretisch behandelt. Für diese Zwecke ist der Begriff des *User Interface Management Systems (UIMS)* definiert worden, der in diesem Kapitel vorgestellt wird. An den Beispielen von zwei Desktop-Systemen wird die Leistungsfähigkeit solcher Systeme bewertet.

Die technische Komplexität steigt im Verlauf des Buches an. Daher ist dieses Buch nicht nur für unerfahrene Benutzer, die sich von Grund auf informieren wollen, geeignet, sondern auch für Leser, die ihr Wissen vertiefen wollen.

2. Grundbegriffe

2.1. Begriffserklärung

Dieses Kapitel beschäftigt sich mit den "Bausteinen" eines Desktop-Systems. Die in der Fachliteratur vorkommenden Bezeichnungen für Desktop-Systeme werden zusammengefaßt und erklärt. Die Kapitel 2.1.6. "Architektur von Desktop-Systemen" und Kapitel 2.1.7.2. "Technische Hintergründe" erklären die programmtechnischen Hintergründe und behandeln Probleme beim Implementieren eines Desktop-Systems.

2.1.1. Was ist ein Desktop-System?

Für einen Anwender bedeutet die erstmalige Anwendung eines Computers eine komplette Umstellung der Arbeitsgewohnheiten. Zum Beispiel erleichtert ein Textverarbeitungssystem die Arbeit einer Sekretärin, die eine Schreibmaschine gewöhnt ist. Tippfehler bzw. nachträgliche Änderungen sind kein Problem mehr, Einfügen von Texten in bereits erstellte Dokumente ist leicht durchzuführen, Seitennumerierung und Kapiteleinteilung erfolgen automatisch. Andererseits aber müssen zusätzlich die Befehle zur Benutzung des Computers bekannt sein: Eine technische "Fremdsprache" muß erlernt und lückenlos beherrscht werden, um die gewohnten Arbeiten abzuwickeln. Zwar sind Speicher und Bildschirm ein großer Vorteil, doch die notwendigen Computer-Kommandos komplizieren wiederum die erhoffte Vereinfachung.

Das Wort "Desktop" bedeutet auf Deutsch *Schreibtischoberfläche*. Das Ziel eines "elektronischen Schreibtisches" ist, einem Benutzer die Arbeit mit dem Computer möglichst einfach und bequem zu gestalten.

Auf einem Schreibtisch liegen während der Arbeit verschiedene Unterlagen und Gebrauchsgegenstände: z.B. Mappen, Zettel, Blöcke, Schreibzeug und eventuell auch ein Radiergummi. Während man arbeitet, legt man Unterlagen in eine Schreibtischlade, überholte Papiere wirft man in einen Papierkorb, und Dokumente werden in Mappen geheftet. Will man ein Dokument bearbeiten, das unter einem Stapel von anderen Papieren liegt, so zieht man das gewünschte Blatt hervor und legt es in die Mitte des Schreibtisches.

Diese selbstverständlichen Handgriffe werden mit einem Desktop-System imitiert. Das Bildschirmlayout entspricht der Schreibtisch-oberfläche, auf der man verschiedene Objekte bearbeiten kann: Files werden z.B. auf einer Diskette gespeichert (Dokumente oder Mappen in eine Schreibtischlade des Büroschreibtisches legen), für die Funktion "Delete" befindet sich das Symbol eines Papierkorbes (Trash) auf dem "elektronischen Schreibtisch", Files werden in Directories zusammengefaßt (Dokumente in Mappen zusammen-fassen), und ein File wird in einem "Fenster" (Window) bearbeitet (dieses Window steht sinnvollerweise im Vordergrund).

Durch diese Maßnahmen wird die Benutzung für den Benutzer einfacher und verständlicher, weil die Computerarbeit der herkömmlichen Schreibtischarbeit angeglichen wird. Will man z.B. ein File löschen, muß der Anwender nicht mehr wie bei Kommando-Systemen das Kommando für Löschen (Funktion "Delete") explizit eingeben, sondern er "wirft auch auf dem elektronischen Schreibtisch das File in den Papierkorb".

Der elektronische Schreibtisch setzt sich im wesentlichen aus Objekten, Windows und Menüs zusammen. Diese Desktop-Objekte werden in den folgenden Kapiteln genauer beschrieben.

Abb. 2-1. Traditioneller Schreibtisch und ein Computer-Desktop

2.1.2. Benutzung eines Desktop-Systems

Neben der Tastatur ist bei Desktop-Systemen das wichtigste Einga-
bemittel die **Maus**. Mit ihr wird der Mauszeiger am Bildschirm
bewegt, wenn die Maus auf einer ebenen Fläche verschoben wird.

Auf der Maus befinden sich Funktionstasten, mit denen Objekte selektiert und Aktionen ausgeführt werden können.

Mit der Maus kann man direkt die Dinge auf dem Bildschirm bearbeiten. Über die normale Tastatur gibt man nur noch Texte und Zahlen ein.

Der Benutzer bearbeitet auf seinem Desktop **Objekte**. Das sind Gegenstände, die auf dem Bildschirm meist in Form von Symbolen (**Icon bzw. Ikone**) sichtbar sind, z.B. wird bei Desktop-Systemen ein Diskettensymbol angezeigt, damit der Benutzer auf den Inhalt der Diskette zugreifen kann. Wird einem Objekt keine Ikone zugeordnet, so wird sie in Textform am Bildschirm angezeigt (z.B. bei einem alphanumerischen Desktop wie das Desktop-System Topview, Kap. 4.6.). Auch ein Window (Bearbeitungsfenster) ist ein Objekt, das auf dem Desktop bearbeitet werden kann: es kann verschoben bzw. in der Größe verändert werden.

Jedes Objekt hat einen bestimmten **Objekttyp**. Daraus ergeben sich verschiedene Klassen von Objekten, z.B. File, Textfile, Directory. Jeder Objekttyp ist an der Form seiner Ikone erkennbar. In Abbildung 2-2 werden drei Beispiele für diesen Sachverhalt gezeigt:

Abb. 2-2. Beispiele für je ein Objekt vom Typ
"File", "Textfile" und "Directory"

Mit der Maus hat der Benutzer mehrere Möglichkeiten, Aktionen auszuführen, z.B.:

- **Klicken bzw. Anklicken:** Eine Maustaste wird gedrückt und darauf wieder losgelassen, um eine Aktion auszulösen. In den meisten Fällen wird beim Anklicken ein Objekt selektiert.

- **Double-Click:** Eine Maustaste wird zweimal kurz hintereinander angetippt. Beim ersten Klick wird ein Objekt selektiert, beim zweiten eine Aktion ausgelöst (z.B. beim Desktop-System GEM, s. Kap. 4.3.: Anklicken der Floppy-Disk Ikone bewirkt, daß beim ersten Klick die Diskette selektiert wird, beim zweiten Klick ein Window für Darstellung der Directories geöffnet wird).

- **Draggen:** Ein Mausknopf wird gedrückt und niedergehalten. Die Maus wird beim Draggen mit gedrückter Maustaste verschoben. Dabei kann man z.B. bei GEM die Windowgröße verändern.

Es ist abhängig vom Desktop-System, welche Maustaste gedrückt wird und welche Aktion dabei ausgelöst wird.

2.1.3. Windows

Ein Window ist ein umrandeter, meist rechteckiger Teil am Bildschirm für ein oder mehrere Objekte. Windows helfen dem Benutzer, die Übersicht am Bildschirm zu bewahren, wenn mehr als ein Vorgang am Bildschirm stattfindet. Jedem Vorgang wird ein Window zugeordnet.

Die Arbeit mit Windows ist eine der wichtigsten Aktionen bei der Benutzung eines Desktop-Systems. Das Aussehen eines Windows bei verschiedenen Anwendungen (z.B. bei GEM, Smalltalk, sowie bei den Benutzeroberflächen der Betriebssysteme von Apple-Lisa und Amiga) ist sehr ähnlich. Ein solches "klassisches" Window (Abb. 2-3) kann aus folgenden Bestandteilen bestehen:

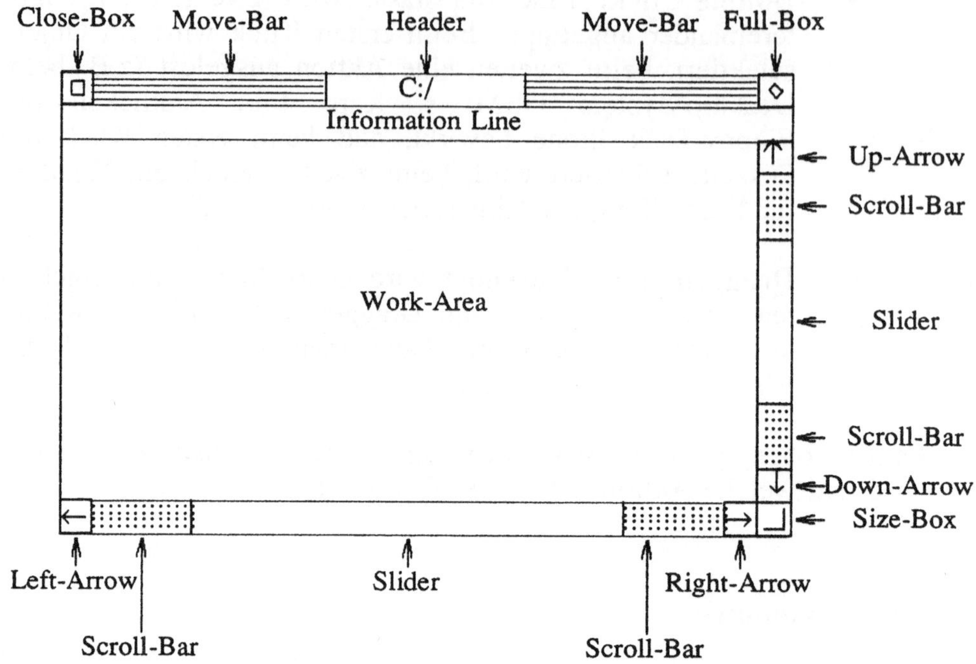

Abb. 2-3. Beispiel eines Windows

Work-Area:

Die Work-Area ist der Bereich des Bildschirmes, der einer Anwendung für die Ein- und Ausgabe dient.

Frame-Buffer:

Eine Anwendung gibt nicht direkt in ein Window, sondern in den Frame-Buffer aus. Der Inhalt eines Frame-Buffers, oder ein Teil davon, wird in einem Window ausgegeben. Der Ausgabebereich in einem Window kann kleiner als der Ausgabebereich des Frame-Buffers sein.

View:

Das Window zeigt nur einen Teil des Frame-Buffers an. Für den Benutzer ist daher nur ein "View" sichtbar. Der Zusammenhang Window - Frame-Buffer - View wird in Abbildung 2-4 dargestellt.

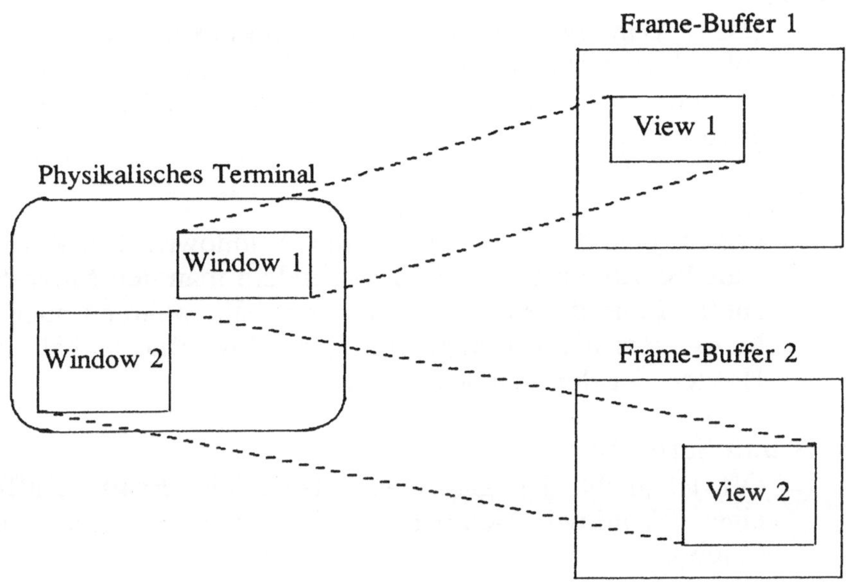

Abb. 2-4. Frame-Buffer-Konzept

Input-Focus:
>Mehrere Windows können gleichzeitig am Bildschirm sichtbar sein, aber nur ein Window kann *Input-Focus* sein, das die Eingaben per Maus oder Tastatur entgegennimmt.

Die Bereiche an den Windowrändern (**Borders**) sind mit verschiedenen Symbolen versehen, die der Benutzer anklicken kann. Je nach Bedeutung lösen sie verschiedene Funktionen aus:

Close-Box:
>Beim Anklicken der Close-Box wird das Window geschlossen: d.h. die Darstellung des Windows wird gelöscht, und das Window wird als Ikone angezeigt.

Full-Box:
> Das Window wird beim Anklicken auf volle Bildschirmgröße aufgeblendet. Beim nochmaligen Anklicken wird es wieder in der ursprünglichen Größe angezeigt.

Move-Bar:
> Dieser befindet sich am oberen Windowrand und dient zum Verschieben des Windows, indem man den Move-Bar anklickt und die Maustaste gedrückt hält, während man die Maus verschiebt (Draggen). Der Move-Bar enthält den Header, der den Windownamen angibt.

Arrows und Scroll-Bars:
> Oft ist nicht der ganze Arbeitsbereich (**Frame-Buffer**) eines Windows sichtbar, sondern nur ein Ausschnitt (**View**).

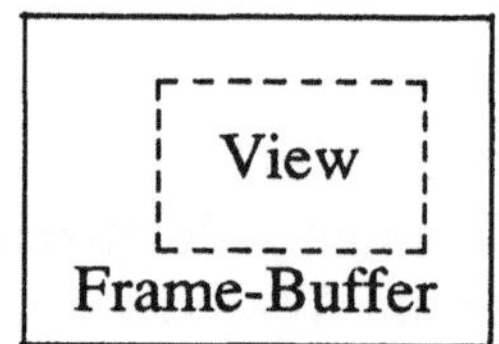

Die Scroll-Bars dienen dazu, den Window-Inhalt beim Anklicken zu verschieben. Man kann erkennen, wie groß der Ausschnitt im Verhältnis zum ganzen Frame-Buffer ist, und wieviel gerade angezeigt wird. Durch "Draggen" des **Sliders**, der im Scroll-Bar enthalten ist, wird der Window-Ausschnitt verschoben. Durch Anklicken eines Arrows wird der Window-Ausschnitt nur stückweise (z.B. zeilenweise) verschoben.

Die Anordnung von mehreren Windows am Bildschirm ist abhängig vom Desktop-System. Prinzipiell werden zwei verschiedene Arten unterschieden:

- **Tiling**: Die Windows sind nebeneinander bzw. untereinander am Bildschirm angeordnet. Es gibt keine überdeckten Flächen. Ein neues Window wird zwischen den bereits bestehenden eingeordnet.

- **Overlapping**: Die Windows sind teilweise überdeckt. Bei Bearbeitung eines Windows wird es in den Vordergrund gestellt, und überdeckt meistens alle anderen am Bildschirm befindlichen Windows.

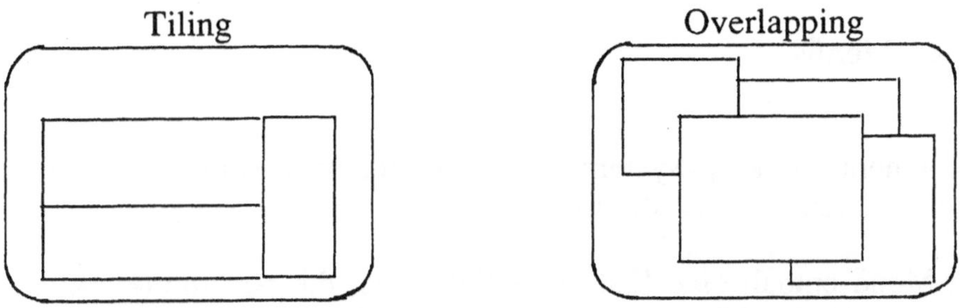

Abb. 2-5. Beispiel für Tiling und Overlapping

Die Vorteile bzw. Nachteile dieser zwei Prinzipien werden später noch behandelt (s. Kap. 2.1.5.). Welcher dieser zwei Bildschirmeinteilungen in Hinblick auf die Benutzung der Vorzug gegeben wird, ist vom Benutzer abhängig: Auch in einem Büroraum gibt es Schreibtische, wo die Arbeitsunterlagen geordnet nebeneinander liegen, und ungeordnete Schreibtischoberflächen, wo alles durcheinander und übereinander liegt.

Es werden, wie folgt, noch einige weitere Begriffe, die in der Literatur zu finden sind, erklärt:

Spezielle Windows, die ein besonderes Verhalten zeigen, sind die **Dialogboxen:** Das sind Windows, die den Input-Focus ausschließlich für sich beanspruchen. Sie werden aufgeblendet, wenn eine Applikation eine sofortige Entscheidung vom Benutzer verlangt. Andere Windows können nicht mehr bedient werden, wenn eine Dialogbox aufgeblendet ist. Nachdem der Benutzer die Entscheidung eingegeben hat, verschwindet die Dialogbox und die restlichen Windows können wieder bedient werden.

Eine weitere wichtige Funktion, die Windows betrifft, ist **Cut-and-Paste:** Wenn mehrere Windows geöffnet sind, kann ein Windowteil von einem Window "herausgeschnitten" (Cut) und in ein anderes kopiert (Paste) werden. Dieser Windowteil wird im *Cut-and-Paste-Buffer* gespeichert.

2.1.4. Menüs

Bei einem Desktop-System gibt der Benutzer seine Kommandos unter anderem mittels Menüs ein.

Ein Menü enthält eine Liste von Einträgen, die bestimmte Aktionen bewirken. Jedes Menü besitzt ein Titelfeld (Überbegriff), das meist in einer "Menüleiste" (**Menü-Bar**) eingetragen ist.

Um eine einheitliche Terminologie zu erreichen (es gibt noch keine einheitliche Begriffsbezeichnung bei Desktop-Anwendungen), werden folgende Arten von Menüs unterschieden:

- **Pull-Down-Menü** (manchmal auch als Drop-Down-Menü bezeichnet): Dieses wird an einer vorgegebenen Stelle des Bildschirmes (meist am oberen Rand des Bildschirmes oder Windows) aufgeblendet. Die Überbegriffe der Menüs belegen eine Zeile. Beim Anklicken oder bei Cursorüberdeckung eines Überbegriffes wird das Menü nach unten geklappt, um die Funktionsauswahl zu ermöglichen.

- **Push-Up-Menü:** Dasselbe wie ein Pull-Down-Menü, mit dem Unterschied, daß das Menü nach oben geklappt wird.

- **Pop-Up-Menü**: Kann an jeder beliebigen Stelle des Bildschirmes aufgeblendet werden (z.B. wo sich der Mauscursor gerade befindet) und überdeckt dort alles. Es wird *nicht* durch ein zugehöriges Titelfeld repräsentiert. Nach der Funktionsauswahl verschwindet das Pop-Up-Menü wieder.

- **Menü-Kaskaden**: Eine Menü-Kaskade ist der Überbegriff für einen Menü-Baum. Ein "Vater-Menü" kann mehrere Untermenüs beinhalten, die selbst wieder Vater-Menüs von weiteren Untermenüs sein können. Ein Untermenü faßt gleichartige Funktionen zusammen. Es wird im übergeordneten Menü mit einem Pfeil gekennzeichnet. Ein Untermenü wird neben dem Vater-Menü aufgeklappt. Eine Menü-Kaskade kann bei jedem Menütyp realisiert werden.

Momentan ausführbare Funktionen werden in normaler, schwarzer Schrift dargestellt, nicht ausführbare Kommandos in durchbrochener, grauer Schrift. Die Abbildungen 2-6, 2-7 und 2-8 skizzieren die verschiedenen Menütypen:

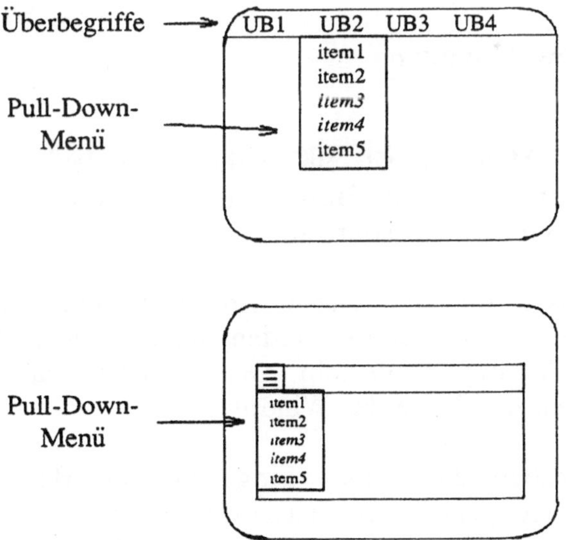

Abb. 2-6. Pull-Down-Menüs von einem Titelfeld aus aufgeblendet

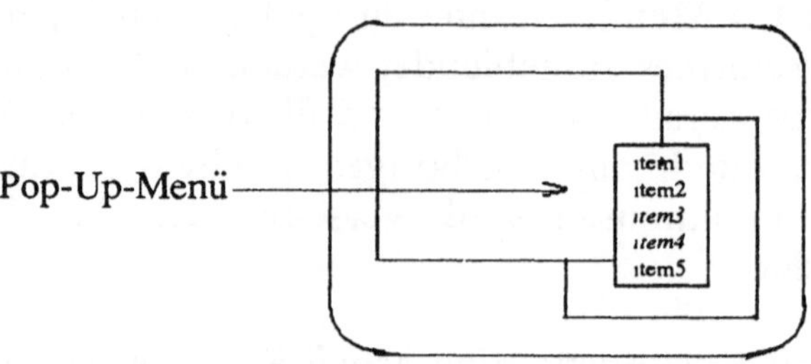

Abb. 2-7. Beispiel eines Pop-Up-Menüs

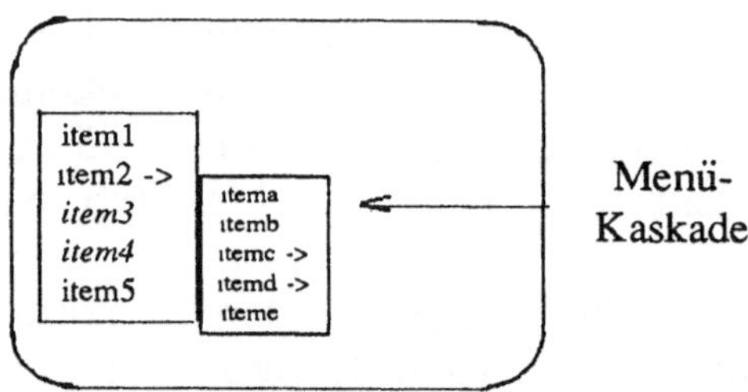

Abb. 2-8. Beispiel einer Menü-Kaskade

2.1.5. Window Manager

Der Window Manager ist ein nicht wegzudenkender Teil von Desktop-Systemen. Wie die Bezeichnung schon ausdrückt, verwaltet er die ihm zugeteilten Ressourcen:

- Bildschirmfläche: Diese wird in Windows unterteilt. Die einzelnen Windows werden verschiedenen Anwendungen zur Verfügung gestellt. Der Window Manager verwaltet Größe und Lage der Windows.

- Eingabemedien: Die Eingaben des Benutzers werden entgegengenommen, ausgewertet und an den Benutzer weitergegeben (z.B. Tastatur- oder Mauseingabe).

- Kontrolle über verschiedene Desktop-Objekte wie Menüs, Dialogboxen oder Ikonen.

Ein Desktop-System ermöglicht dem Benutzer, mehrere Windows am Bildschirm aufzublenden. Ein Window kann genau einer Anwendung zugeordnet sein, aber eine Anwendung kann auch mehrere Windows für sich beanspruchen. Dadurch hat der Benutzer die Kontrolle über parallel laufende Programme. Auch die Anordnung der Windows am Bildschirm ist durch den Benutzer frei wählbar. Die Aufgabe "Was passiert am Bildschirm?" übernimmt der Window Manager. Editiert der Benutzer ein File, möchte aber zwischendurch Betriebssystemkommandos eingeben, dann ist es sicher bequemer, wenn man nicht aus dem Editor aussteigen muß und gleich in einem anderen Window die Kommandos eingeben kann.

Der Window Manager verfolgt eine bestimmte *"Window Layout Policy"* (Verfahrensweise für die Bildschirmeinteilung). Dadurch sind die Regeln bestimmt, wie die Objekte am Bildschirm behandelt werden. Das betrifft Größen und Positionen von Windows bzw. Ikonen: z.B. ein "Tiling Window Manager" verhindert, daß die Windows überlappend angezeigt werden, außer in Sonderfällen wie Dialogboxen, die über die anderen Windows gelegt werden und die Aufmerksamkeit des Benutzers gleich auf sich lenken sollen.

Es gibt noch keine einheitlichen Richtlinien, welche Aufgaben ein Window Manager übernehmen soll. Die verschiedenen Desktop-Systeme verwenden demnach unterschiedliche Window Manager. Je nachdem, welche Funktionen der Window Manager verwaltet, liegt mehr Verantwortung bei der Anwendung, d.h. die Applikation übernimmt zusätzlich zu ihrer Aufgabe noch Windowfunktionen. Für den Benutzer eines Desktop-Systems macht es keinen Unterschied, ob ausschließlich der Window Manager die Objekte am Bildschirm verwaltet oder ob zusätzlich die Applikation den Bildschirm kontrolliert. Der Benutzer öffnet, verschiebt und schließt seine Windows am Bildschirm nach der jeweiligen Bedienphilosophie, ohne zu merken, ob der Window Manager oder die Applikation seine Eingaben verwaltet. Entscheidend ist diese Tatsache für den Anwendungsprogrammierer: Muß er bei der Entwicklung seiner Desktopanwendung auch für den Bildschirminhalt sorgen, bedeutet das erheblichen Mehraufwand, da er zusätzlich zum eigentlichen Problem auch die Bildschirmverwaltung übernehmen muß.

Eine der wichtigsten Aufgaben des Window Managers ist *Redraw*: Nach Ausführung von Windowfunktionen wie z.B. Move, Size muß der Window Manager dafür sorgen, daß die betroffenen Bildschirmausschnitte aktualisiert werden. Der Window Manager schickt der Anwendung entweder eine Redraw-Anforderung (wenn die Verantwortung für das Bildschirmlayout bei der Applikation liegt) oder restauriert die Bildschirmteile selbst (wenn der Window Manager das Bildschirmlayout verwaltet).

Der Window Manager entscheidet weiters, wie die Windows am Bildschirm angeordnet sein dürfen: Bei einem "Overlapping Window Konzept" werden bei der Redraw-Anforderung verdeckte Teile wieder aufgedeckt. Beim "Tiling Window Konzept" gibt es zwar keine Flächen zum Wiederaufdecken, aber bei Öffnen und Schließen bzw. Größenveränderungen von Windows sind Wiederherstellungsarbeiten nötig. Welche der beiden Darstellungsarten eine bessere Performance bietet, kann nicht eindeutig entschieden werden: Die Zeit, die zum Wiederherstellen des Bildschirmes beim Overlapping-Konzept verbraucht wird, wird beim Tiling-Konzept für die Berechnung der neuen Windowgrößen benötigt (bei mehreren Windows kann diese Restaurierungsarbeit einige Sekunden dauern!).

2.1.6. Architektur von Desktop-Systemen

Was ist eigentlich ein Desktop-System aus der Sicht des technischen Aufbaus? Ein Desktop ist im Prinzip ein Computer-Programm (Anwendung oder Applikation), mit der Besonderheit, eine komfortable Interaktion mit dem Computer zu ermöglichen. Dieses Kapitel beschäftigt sich mit dem programmtechnischen Aufbau eines Desktop-Systems.

Für den Benutzer werden mit Hilfe des Desktop-Systems bestimmte Aufgaben erledigt (z.B. Kopieren eines Files). Um das zu erreichen, werden graphische Symbole am Bildschirm bearbeitet. Die einzelnen Funktionen des Desktops sind im wesentlichen konsequente Umsetzungen eines bestimmten Gebietes (z.B. Betriebssystemkommandos) in die graphische Umgebung. Ein Desktop-System ist selbst eine Anwendung, aufsetzend auf verschiedene "Bausteine", die die Realisierung des Desktops ermöglichen. Abbildung 2-9 zeigt ein allgemeines Architekturmodell:

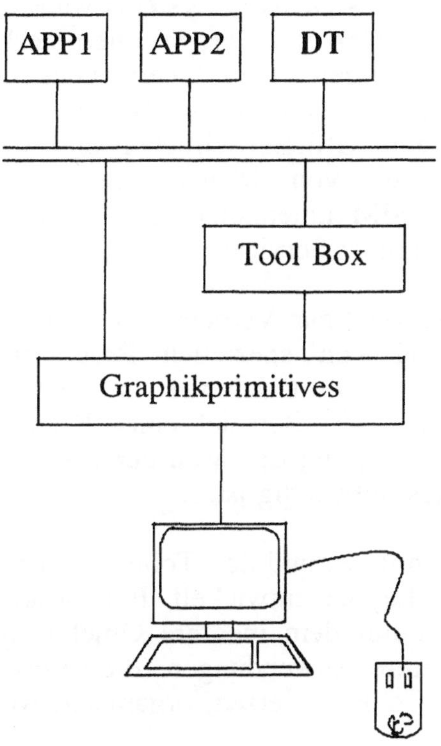

Legende:

DT   Desktop-System
APP1   Applikation
APP2   Applikation

Abb. 2-9. Architektur eines Desktop-Systems

Für die Ausgabe der graphischen Objekte stehen auf unterster Ebene die "Graphikprimitives" zur Verfügung. Das sind Werkzeuge, mit denen die Graphik am Bildschirm realisiert ist. Sie beinhalten einfache Funktionen wie "Rechteck zeichnen", "Kreis zeichnen" oder "Polygonzug zeichnen". Eine Zusammenfassung von genormten Graphikbefehlen bietet z.B. das GKS (graphisches Kernsystem) oder VDI (Virtual Device Interface bei GEM - s. Kap. 4.3.).

Für den Entwickler eines Desktop-Systems wäre es viel zu mühsam, nur mit Graphikprimitives einen graphischen Desktop zu implementieren. Statt dessen werden "Tools" verwendet, die Funktionen auf einer höheren Ebene anbieten, als die Graphikprimitives. Die Tools bieten Funktionen zum Öffnen, Schließen und Verwalten von Windows, zum Erzeugen von Menüs oder zum Behandeln der Benutzereingaben. GEM unterstützt eine solche Toolbox mit AES (Application Environment Services).

Eine weitere Möglichkeit zur Verbesserung der "Tools"-Schnittstelle ist die Verwendung von speziellen Programmiersprachen (z.B. *PostScript*), die Graphik-Funktionen in Kontrollstrukturen (z.B. Schleifen) verpacken. Ein Beispiel einer Kontrollstruktur ist eine Prozedur, die die Bewegung des Mauscursors verfolgt, wie es beim Bewegen des Sliders notwendig ist.

Mit den Graphikprimitives und den Tools werden Anwendungen mit einem graphischen Layout entwickelt. Ein Desktop-System ist eine solche Anwendung, mit dem mehrere Objekte am Bildschirm und eventuell auch mehrere Anwendungen (die selbst auch auf die Graphikprimitives und Tools aufsetzen) organisiert werden.

Die Stellung des Window Managers in der Architektur eines Desktop-Systems kann nicht eindeutig eingeordnet werden. Hierfür gibt es mehrere Möglichkeiten:

(1) Der Window Manager ist Bestandteil des Betriebssystems: Diese Version erweist sich vor allem bei eventuell notwendigen Änderungen (z.B. Einbringen eines neuen Terminals) des Window Managers als ungünstig, weil dies einen Eingriff in das Betriebssystem bedeutet. Durch diesen Eingriff können Nebeneffekte auftreten, die sich sehr störend auf die Weiterarbeit auswirken können.

(2) Der Window Manager wird zu jeder Applikation gebunden: Wenn mehrere Anwendungen gleichzeitig am Bildschirm Windows aufblenden, sind auch mehrere Window Manager zur gleichen Zeit aktiv, die sich um ihre zugeordneten Windows kümmern. Diese Version bedingt vor allem Synchronisationsprobleme, weil vor jeder Ausgabe

sichergestellt werden muß, daß kein anderer applikationsgebundener Window Manager gerade Zugriff am Bildschirm hat. Diese Überprüfung wirkt sich sehr stark auf die Performance des Desktop-Systems aus.

(3) Der Window Manager ist ein eigener Prozeß:
Das ist hinsichtlich Veränderungen und Synchronisation die beste Lösung. Es müssen jedoch die Möglichkeiten zur Interprozeßkommunikation (Austausch von Information zwischen gleichzeitig ablaufenden Anwendungen) gegeben sein.

Es werden im weiteren Verlauf des Buches die in den letzten Kapiteln beschriebenen Komponenten miteinander in Zusammenhang gebracht, und deren Kenntnis bei den einzelnen Desktop-Systemen für weitere Erklärungen vorausgesetzt.

2.1.7. Ablauf der Interaktion

2.1.7.1. Interaktion aus Sicht des Benutzers

Wenn man einen Büroschreibtisch betrachtet, wie er z.B. in Kapitel 2.1.1. beschrieben ist, sieht man darauf meist verschiedene "Objekte" (Mappen, Papier, Schreibzeug usw.), mit denen man verschiedene Aktionen unternehmen kann. Mit jedem Objekt, das Sie in die Hand nehmen, können Sie verschiedene Aktionen verfolgen:
-      kopieren gehen (im Falle eines Papierstückes),
-      in den Papierkorb werfen,
-      darauf schreiben oder
-      in einen Briefumschlag stecken
Diese alltäglichen Büroarbeiten werden mit einem Desktop-System imitiert (s. Kap. 2.1.1. und Tabelle 2-1).

Das Arbeiten mit Desktop-Systemen ist ein abwechselndes 'Selektieren von Objekten' (man wählt das Objekt am Schreibtisch aus) und 'Auswählen von Funktionen', die auf die Objekte angewandt werden können (s. Abb. 2-10).

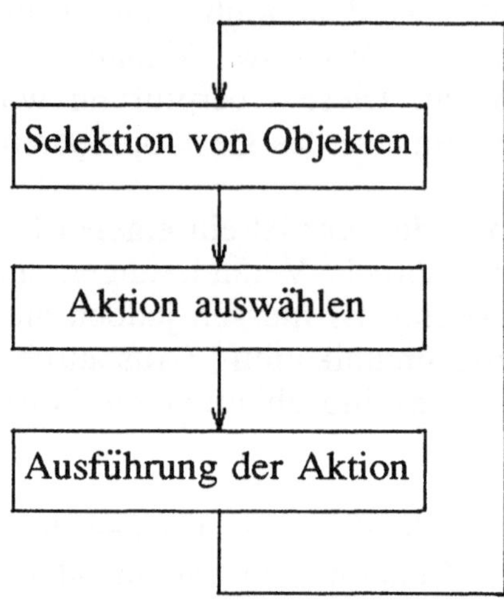

Abb. 2-10. Ablaufdiagramm für die Interaktion

In der Tabelle 2-1 wird der Zusammenhang Desktop-System und
Schreibtisch noch einmal gegenübergestellt:

Tab. 2-1. Vergleich Desktop-System mit Schreibtisch

Desktop-System	Schreibtisch
Objekt (z.B. File) selektieren (z.B. mit der Maus)	Stück Papier aussuchen und in die Hand nehmen
Funktion auswählen (z.B. aus Menü oder mit Double-Click)	Entscheidung (z.B. wegwerfen, kopieren) treffen
Kommando wird ausgeführt	Entscheidung durchführen (z.B. etwas in den Papierkorb werfen)

2.1.7.2. Technische Hintergründe

Dieses Kapitel beschreibt das Verhalten eines Desktop-Systems aus programmtechnischer Sicht. Es beinhaltet wie Kapitel 2.1.6. einige technische Hintergründe für die Leser, die überblicksmäßig Information über die Internas sammeln wollen.

Das Desktop-System wartet auf Eingaben des Benutzers. Es muß aber unterschieden werden, welche Art von Eingabe gemacht wurde: ist ein Mausknopf oder eine Keyboardtaste gedrückt worden, an welcher Cursorposition wurde die Eingabe gemacht? Die Applikation muß auf diese Eingaben richtig reagieren, der Verwaltungsaufwand ist auf Grund der Vielfalt der möglichen Eingaben relativ hoch.

Beispiel: Der Cursor befindet sich gerade im Move-Bar eines Windows. Die linke Maustaste wird gedrückt, und die Maus wird mit gedrückter Taste verschoben. Das Desktop-System erkennt, daß die Aktion "Move" vom Benutzer gewählt wurde. Wenn die Maustaste wieder losgelassen wird, muß das Window neu gezeichnet werden.

Das allgemeine Verhalten eines Desktop-Systems läßt sich vereinfacht wie in Abbildung 2-11 skizzieren:

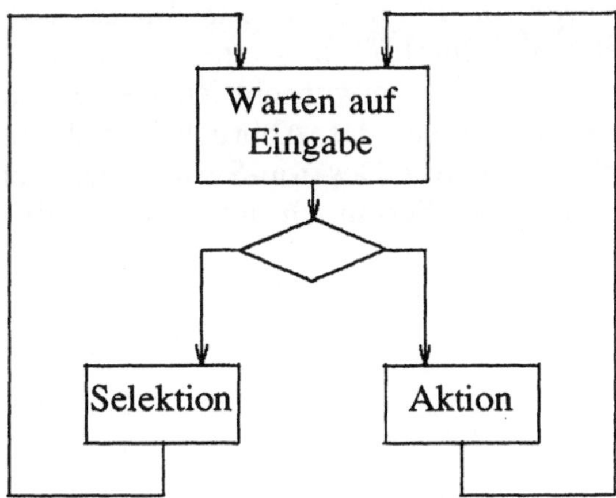

Abb. 2-11. Verhalten eines Desktop-Systems

Ein Desktop-System befindet sich immer in einem Wartezustand. Den Ablauf eines Desktop-Systems bestimmt der Benutzer mit seinen Eingaben. Diese Eingaben bedingen eine "Mitteilung" (Meldung) an das System. Das Desktop-System erhält diese Meldungen über Events ("Es liegt ein Ereignis an!"). Events ermöglichen die Interprozeßkommunikation und beeinflussen den weiteren Ablauf eines Programms. Bei Auftreten eines Events wird die laufende Anwendung in der momentanen Tätigkeit unterbrochen, damit der Event bearbeitet werden kann.

Die Applikation kann beim Auftreten eines bestimmten Events selbst entscheiden, ob sie diesen behandeln soll. Wenn zum Beispiel der Event "linke Maustaste ist gedrückt" auftritt, kann das Desktop-System diesen Event bearbeiten, indem es das darunterliegende Objekt invertiert (selektiert), oder ignorieren, wenn nichts unternommen werden soll.

Typische Desktop-Events sind:
-    linke/rechte/mittlere Maustaste gedrückt
-    Redraw-Aufforderung
-    Maus ist bewegt worden

Fallen mehrere Events sehr schnell hintereinander an (z.B. bei hektischem Tippen des Benutzers), dann werden die Events in eine Event-Queue gereiht und in der Reihenfolge ihres Auftretens abgearbeitet. Dieses *Type-Ahead* und *Mouse-Ahead* ist nicht immer günstig, z.B. wenn die Durchführung einer bestimmten Aktion nach einigen Sekunden nicht mehr erwünscht ist. Der Benutzer kann zum Beispiel, ohne es zu wissen, das Abbruch-Signal ausgelöst haben, und wundert sich, wenn das Desktop-System beendet wird. Dieser "Abort-Event" sollte aus diesem Grund nicht in die Event-Queue gestellt werden.

2.1.8. Beispiele

Lieber Leser, Sie haben jetzt die Bestandteile und das Verhalten sowohl aus der Sicht eines Anwenders als auch von der programmtechnischen Seite kennengelernt. Vielleicht haben Sie sich schon gefragt, ob das Ganze überhaupt notwendig ist oder nur eine Spielerei der Entwickler ist? Die folgenden zwei Beispiele sollen

Ihnen zeigen, wie das Arbeiten mit einem Desktop-System einem
Benutzer "das Leben erleichtern" kann.

Beispiel 1:
Ein Anwender editiert mit seinem Desktop-System ein Textfile in
einem Window. Das Telefon läutet, und beim Gespräch stellt sich
heraus, daß er in der Kundendatei die Adresse eines bestimmten
Kunden suchen soll. Mit dem Desktop-System ist es möglich, ohne
das Editieren zu beenden, ein weiteres Window aufzublenden, in
dem alle die Datenbank betreffenden Aktionen durchgeführt werden
können. Nach dem Telefonat wird das Datenbankwindow weg-
geblendet, und der Anwender kann das Editieren fortsetzen.

Beispiel 2: Fileverwaltungsaufgaben
Files kopieren, neu anlegen oder in andere Directories stellen, ist
eine der häufigsten Computer-Arbeiten. Dafür hat jedes Betriebssystem bestimmte Kommandos. Für Löschen gibt man z.B. bei MS-
DOS "del" (für delete), bei UNIX "rm" (für remove) an. Kennt man
mehrere Betriebssysteme, liegt es nahe, daß die Kommandos öfters
verwechselt werden. Bei der kommandoorientierten Eingabe wird
defaultmäßig nicht angegeben, in welchem Directory man sich
gerade befindet, und welche Files und Unterdirectories das Directory
beinhaltet. Will der Benutzer Fileoperationen durchführen, muß er
erstens den Kommandonamen wissen und zweitens den Filenamen
kennen. Um den Filenamen zu erfahren, wenn man den Namen
nicht auswendig weiß, muß man mit dem "Listkommando" (auch
dieses ist nicht einheitlich, z.B. "ls" oder "dir") alle Files eines
Directories anzeigen und das richtige File aussuchen.

Das Desktop-System zeigt in einem Window alle Files eines Directories an. Bei fast allen Systemen wird diese Darstellung durch eine
Ikone unterstützt. Damit erspart man sich das Auflisten der Files.
Zur besseren Orientierung wird in der Header-Zeile des Windows
der aktuelle Pfad angegeben. Die Eingabe wird mit Menüs und
Helpfunktionen unterstützt. Der Benutzer braucht keine Kommandonamen mehr kennen, weil er das Kommando aus einem Menü
auswählen kann. Damit braucht sich ein Benutzer z.B. beim Löschen
eines Files nicht mehr zu fragen, ob das Kommando "del", "rm"
oder anders heißt.

2.2. Neue Eingabegeräte

Bei der kommandoorientieren Eingabe erfolgt die Kommunikation mit dem Computer in den meisten Fällen über Tastatur als Eingabemedium und Bildschirm als Ausgabegerät. Die Befehle an den Computer werden durch Eingabe des Kommandos gegeben. Wie bereits erwähnt wurde, erfordert diese Mensch-Maschine-Schnittstelle das Wissen der Kommando- und Objektnamen.

Für unerfahrene Benutzer ist diese Form der Eingabe mühsam: Die Vielfalt der Kommandos ist verwirrend und die Darstellung am Bildschirm oft unübersichtlich. Ein effizientes Arbeiten mit einem Computer erfordert lange Einschulungszeit, die trotzdem nicht alle auftretenden Probleme löst. Deshalb wurden zusätzlich zur Tastatur bequeme Eingabegeräte entwickelt, um die Kommunikation mit der Maschine zu erleichtern.

Die Tastatur ist bei den meisten Dialogsystemen das Kernstück der Interaktion. Neben der Standard-Schreibmaschinentastatur finden immer mehr Funktionstasten Verwendung, die häufig wiederkehrende Anweisungen erheblich vereinfachen. Die Funktionstasten sind zusätzlich in die Tastatur integriert.

In den letzten Jahren wurden neue Geräte sowohl für die benutzerfreundliche Eingabe als auch Ausgabe entwickelt. Besonders am PC-Markt ist die neue Technologie schon selbstverständlich, es kommen laufend Geräte mit besserer Rechnerleistung und Graphikfähigkeit auf den Markt. Neue Eingabegeräte zur benutzerfreundlichen Eingabe werden angeboten. Ein Anwendungsentwickler braucht sich nicht mehr auf die Frage "Wie arbeitet ein Computer", sondern auf "Was will der Benutzer vom Computer" konzentrieren.

In den folgenden Kapiteln werden einige graphische Eingabegeräte vorgestellt und deren Funktionsweise erklärt. Sie sind eine Auswahl der für Desktop-Systeme relevanten Eingabegeräte (s. [PUR86]).

2.2.1. Eingabegeräte zum Selektieren

Diese Eingabegeräte steuern den Cursor am Bildschirm. Sie werden hauptsächlich als Zeigegeräte eingesetzt.

Die Maus:

Die Maus ist eine Steuereinrichtung für den Cursor, der am Bildschirm bewegt wird, wenn die Maus auf einer ebenen Fläche verschoben wird. Auf der Unterseite der Maus ist ein Sensor angebracht, der die relative Bewegung auf der Fläche in die Bewegung des Cursors am Bildschirm umsetzt. Es gibt z.B. optische Mäuse, die die relative Bewegung mit Lichtsensoren ermitteln, und mechanische Mäuse, die mit einer in allen Richtungen drehbaren Kugel die Bewegung feststellen können. Wenn man die Maus hochhebt und an einer anderen Stelle wieder aufsetzt, verändert sich die Cursorposition nicht. Die Benutzung ist für den Benutzer sehr bequem, weil man die Maus mit einer Hand bewegen kann.

Auf der Maus befinden sich bis zu drei "Maustasten". Beim Drücken einer Taste (Klicken) wird eine Aktion ausgelöst, die je nach Anwendung verschiedene Auswirkungen mit sich bringt.

Die Maus ermöglicht schnelles Positionieren des Cursors und zeichengenaues Selektieren am Bildschirm.

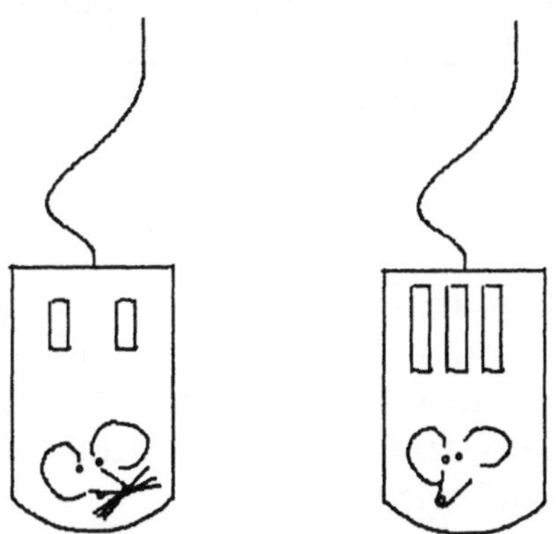

Abb. 2-12. "Maus" mit zwei bzw. drei Tasten

Touchscreen:

Beim Touchscreen reicht der Finger als Eingabegerät. Man zeigt mit dem Finger direkt auf die Stelle des Bildschirmes, wo man ein Objekt auswählen will.

Für diese Eingabemethode wurden Folien entwickelt, die auf den Schirm geklebt werden. Wird auf die Folie gedrückt, läßt sich die Aufdruckposition errechnen.

Eine andere Technik für einen Touchscreen ist das Anbringen von infraroten Lichtschranken. Der Bereich vor dem Bildschirm wird dabei mit einem Netz von Lichtschranken ausgestattet. Zeigt der Benutzer mit dem Finger auf den Bildschirm, werden einige Lichtschranken unterbrochen. Damit wird die Position des Fingers festgestellt.

Genaues Positionieren mit dem Finger ist nicht möglich, deshalb wird für die Cursorsteuerung bei Desktop-Systemen diese Methode nicht angewandt. Die Verwendung des Fingers klingt zwar ergonomisch (man bedenke, daß man im Kleinkindalter mit dem Finger zeigen lernt), aber man darf dabei nicht übersehen, daß beim Arbeiten die Hand frei gehalten werden muß. Das wird wegen des Armgewichts sehr unangenehm für den Benutzer.

Joystick, Trackball:

Diese Zeigegeräte sind mit der Maus vergleichbar: Beim Joystick wird der Cursor durch das Bewegen eines Hebels gesteuert. Der Hebel kann nach vier oder acht Richtungen bewegt werden. Zusätzliche Druckknöpfe oder das Drücken des Hebels nach unten ermöglichen das Selektieren.

Beim Trackball wird eine Kugel, die in einer Umrandung in alle Richtungen beweglich ist, gedreht. Damit wird der Cursor direkt am Bildschirm gesteuert. Die Funktionsweise des Trackballs kann man auch simulieren, indem eine Maus mit Kugel umgedreht und die Kugel händisch "gerollt" wird.

Lightpen (Lichtstift):

Mit dem Lichtstift wird direkt auf den Bildschirm an die gewünschte Stelle gezeigt.

Im Stift befindet sich ein photooptischer Transistor, der eine helle Stelle erkennen kann.

Es wird laufend kontrolliert, wann der Stift vom Elektronenstrahl getroffen wird. Aus dem Treffzeitpunkt wird dann die Position berechnet.

2.2.2. Graphische Eingabegeräte

Graphisches Tablett:

Das sind graphische Zeichengeräte, mit denen der Benutzer wie auf Papier zeichnen kann. Ein bleistiftähnlicher Stift ist mit dem Gerät verbunden, mit dem der Benutzer auf dem Tablett "zeichnen" kann. Das Tablett ist eine rechteckige Unterlage, die einem Teil des Bildschirmes entspricht. Wird der Stift auf der Tablett-Unterlage bewegt, bewegt sich der Cursor am Bildschirm mit. Damit wird der Cursor direkt gesteuert, oder je nach Modus gleich eine Zeichnung durch den Weg des Cursors am Bildschirm erstellt. Eine Zeichnung kann z.B. direkt in den Computer eingegeben werden, indem Linien auf einer Vorlage nachgefahren werden. Meist werden die Zeichenflächen von unten beleuchtet. Das Tablett kann zusätzlich Funktionstasten zum Selektieren anbieten. Eine Funktionstaste ist auch oft direkt an der Spitze des Stiftes angebracht, sodaß sie beim Aufdrücken des Stiftes betätigt wird.

Die Größe eines Tabletts kann 20x20cm bis 1.5x1.5m betragen. Tabletts sind auch ergonomisch gut vertretbar, da der Arm auf dem Tisch aufliegen kann und die direkte Cursorkontrolle sehr bequem ist.

Bei manchen Geräten wird das Positionieren des Cursors nicht mehr mit der Hand durchgeführt, sondern maschinell unterstützt.

2.3. Entwicklung

Die ersten Ideen für die Entwicklung von Desktop-Systemen findet
man in Douglas Englebarts Arbeit "The Augmented Knowledge
Workshop" (Anfang der 70er Jahre), in der beschrieben ist, wie man
Computer benutzerfreundlicher gestalten kann: Die heute bekannte
Maus wurde in diesem Bericht als Eingabegerät vorgestellt; bei
einem Entwurf eines Text-Editors wurde der Vorschlag, mehrere
Windows auf einmal zu verwenden, behandelt.

Die eigentlichen Arbeiten zu diesem Thema begann 1971 bei Xerox
PARC (Palo Alto Research Center) Alan Kay mit der Learning
Research Group (LRG). Er startete das Projekt Dynabook, bei dem
ein "Notebook-sized Personal Computer", den jeder leicht benutzt
und gern verwendet, entwickelt wurde. Das Projekt wurde wegen
Hardwareeinschränkungen nicht realisiert. Alan Key ist der geistige
Vater der Ikonen, die z.B. bei Star und Apple-Lisa verwendet wer-
den.

Basierend auf den wichtigsten Grundideen des Dynabook-Projekts
entstand die Sprache Smalltalk. Auf diesen Prinzipien aufbauend
wurden weiters neue Versionen mit überlappenden Windows
entwickelt, z.B. Xerox Star Workstation mit erstmaliger Verwendung von Ikonen, oder weitere Projekte, die auf PCs mit LISP als
Programmiersprache entwickelt wurden.

Smalltalk bietet als erstes System überlappende Windows, wobei
man nur mit dem obersten kommunizieren kann (wie auf einer
Schreibtischoberfläche). Unter Smalltalk konnte man auch zum
erstenmal die Funktion *Cut-and-Paste* verwenden, und beim Editieren mußte man nicht mehr zwischen verschiedenen Bedienmodi
umschalten.

1977 wurde am MIT (Massachusetts Institute of Technology) das
System D-Lisp entwickelt. Trotz Neuerungen (z.B. alle am
Bildschirm sichtbaren Windows sind bearbeitbar, mehrere Fonts,
rekursive Windows) setzte sich dieses System nicht so richtig durch.
Die neuen Ideen von D-Lisp wurden für Interlisp-D verwendet, das
auch von Smalltalk beeinflußt wurde.

Zur selben Zeit entwickelte Xerox-PARC das System Tajo, ein
Multitasking-System mit Scroll-Bars, Subwindows und Pop-Up-

Menüs. Tajo war das erste System, das zwei Zustände eines Windows kannte: geöffnet und ikonisiert. Weiters stellt die Kontrollstruktur eine Neuerung dar: Bei diesem System kontrolliert der Benutzer die Interaktion, und nicht wie bisher üblich das Programm. Erstmals wurden auch Menüs verwendet. Tajo beeinflußte stark die Entwicklung von Xerox-Star.

1981/82 begann die Entwicklung für das Window-System Viewers, das auch von Tajo beeinflußt wurde. Auf Kosten der Funktionalität (es gibt z.B. keine Pop-Up-Menüs) erreicht dieses System eine gute Performance. Neu an diesem System ist eine Benutzerschnittstelle (TIP - Terminal Interface Package), mit der sich der Anwender die Schnittstelle selbst installieren kann (z.B. kann der Benutzer selbst definieren, ob der linke oder rechte Mausknopf eine Aktion auslöst).

Sun-Windows war der erste Versuch, ein Window-System auf einem Multitasking-System (UNIX) herzustellen. Dabei mußte man die Schwierigkeiten, die ein Multitasking-System mit sich bringt, lösen (z.B. wie werden die Windows den einzelnen Applikationen zugeteilt).

Anfang der 80er Jahre kam Apple mit Apple-Lisa und Apple-Macintosh, entwickelt von W. Rosing, B. Daniels und L. Tesler, auf den Markt. Von Smalltalk und Star beeinflußt, haben diese "kleinen Schreibtisch-Computer" mit der Windowtechnik und Maus eine revolutionäre Benutzerführung, im Gegensatz zur PC-Welt, in der man zu dieser Zeit noch ein kommandoorientiertes Betriebssystem verwendete.

Doch die Entwicklung dieser neuen Technik ließ auf dem PC-Markt nicht lange auf sich warten. MS-Windows (Microsoft) stellt eine Adaption der Mensch-Maschine-Schnittstelle des Macintosh für das Betriebssystem MS-DOS dar.

IBM entwickelte die alphanumerische Benutzeroberfläche Topview, mit Multitasking-Fähigkeit und überlappenden Windows.

Digital-Research (DRI) erzielte mit GEM (Graphics Environment Manager) einen neuen Standard in bezug auf graphische Bedienung mit Overlapping-Windows. An GEM orientieren sich viele PC-Applikationen, die Pull-Down-Menüs, Maus und Windowtechnik zur Mensch-Maschine-Kommunikation verwenden.

Im Bereich der Workstations hat Apollo Computer Inc. seit Beginn der 80er Jahre mit dem Rechnertyp 'Graphic-Workstation' den Durchbruch erlangt. Apollo Domain (D.O.M.A.I.N. = Distributed Operating Multi Access Interactive Network) verfolgt das Konzept des netzwerkweiten Benutzerzugriffs, und bietet mit dem "Display Manager" aufsetzend auf das Betriebssystem eine objektorientierte Benutzeroberfläche.

Um den Anforderungen der objektorientierten Benutzeroberflächen nachzukommen, ist das X Window System von MIT (Robert Scheifler, Ron Newman) und DEC (Jim Gettys) für UNIX-Systeme entwickelt worden. Seit 1987 ist eine Version 11 am Markt, die auf Grund ihrer Vielfältigkeit der Xlib-Library und Netzwerkfähigkeit neuer Standard werden wird. Aufsetzend auf den Tools des X Window Systems können leistungsfähige Desktop-Systeme entwickelt werden.

Sun Microsystem Inc. hat neben Apollo ebenfalls auf Workstations das System NeWS (Network extensive Windowing System) fertiggestellt. NeWS ist seit Mai 1987 auf dem Markt. Ähnlich wie beim X Window System wird ein Client-Server Konzept verfolgt: Anwendungen setzen sich mit einem Server (s. Kap. 5.2.) in Verbindung, der die Display Resourcen verwaltet. NeWS erreicht mit der Verwendung von PostScript eine leistungsfähige Funktionalität (der Server ist zusätzlich zu seinen Aufgaben auch PostScript Interpreter). NeWS ist derzeit nur auf Sun-Workstations ablauffähig. Sun hat angekündigt, das X Window System in NeWS zu integrieren, um damit einen Standard anzubieten.

Das Betriebssystem DOS 4.0 hat eine Desktop-Oberfläche zur Bedienung des Betriebssystems integriert. Es wird jetzt immer mehr die Linie verfolgt, gleich mit dem Betriebssystem eine Desktop-Oberfläche mitzuliefern.

IBM hat in das Operating System "OS/2" für die Personal System/2 Familie eine Benutzerschnittstelle mit Windows und Menüsteuerung, den Presentation Manager, integriert. Damit ist gleich auf Betriebssystemebene ein Window-System verfügbar. Dieses Window-System ist das Nachfolgesystem von MS-Windows.

Nicht nur die Benutzeroberfläche eines Computers wird mit Windows, Menüs und Maus benutzerfreundlich gestaltet, sondern auch

Software-Anwendungen lösen die interaktiven Benutzereingaben mit diesen neuen Eingabemethoden. Zum Beispiel zählt zum letzten Trend das Desktop-Publishing, ausgelöst durch Paul Brainerd (Firma Aldus) mit dem System "Pagemaker", mit dem auf dem Macintosh ganze Bücher mit Text und Graphiken gestaltet werden können. Mit einem Desktop-Publishing-System können umfangreiche Dokumente mit Graphiken erstellt werden. Die Texterfassung, das Editieren und Korrigieren, die Seitengestaltung, die Manipulation von digitalisierten Graphiken und das Zusammenfügen von Text und Graphik werden bei einem Desktop-Publishing-System von einem einzigen Schreibtisch-Computer mit seinen Zusatzgeräten (z.B. Laserdrucker) ausgeführt.

Irrtümlicherweise wird Desktop-Publishing oft mit "Desktop" verwechselt. Desktop-Publishing verwendet im Prinzip nur die gleiche Bedienphilosophie wie ein Desktop-System:

Die Maus zum Selektieren,
Windows zur übersichtlichen Bildschirmeinteilung
Menüs zur Funktionsauswahl

Abschließend ist zur Illustration in Abbildung 2-13 als Beispiel die Desktop-Oberfläche von DOS 4.0 gezeigt: Für die Verwaltung der Files wird das Tool "File System" angeboten, wo man in einem Window auf der linken Bildschirmhälfte die hierarchische Filestruktur nachverfolgen kann. Auf der rechten Bildschirmhälfte wird der Inhalt des gerade selektierten Directories (auf der linken Bildschirmseite invers angezeigt) aufgelistet. Neben dem "File System" Tool kann man im Hauptmenü "Start Programs" des DOS 4.0 Desktop-Systems auch noch weitere Tools auswählen.

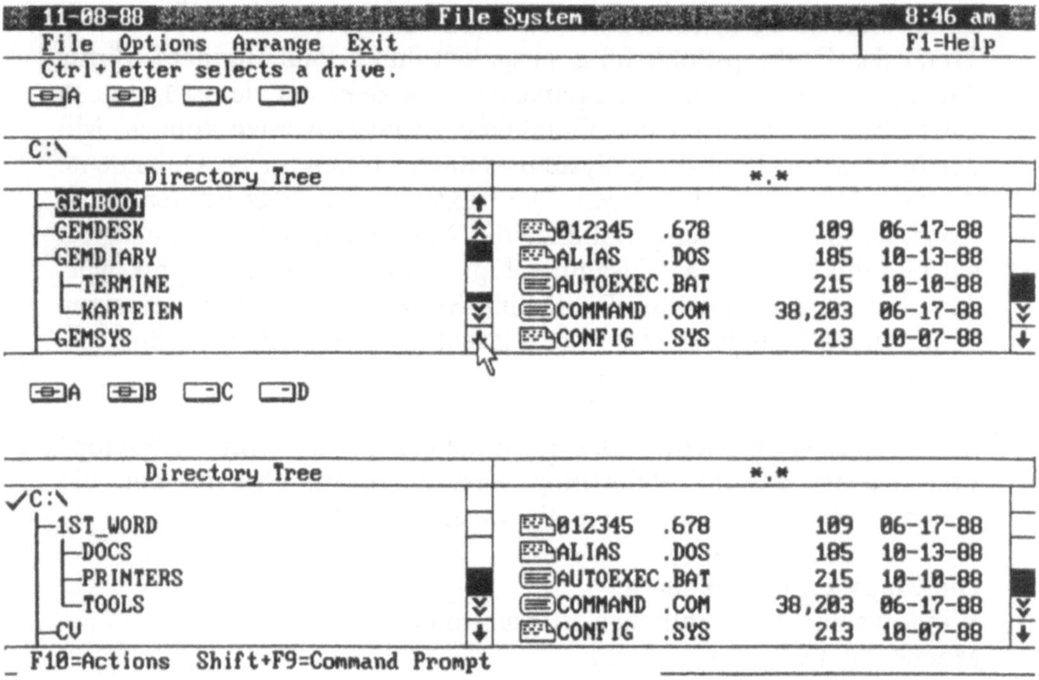

```
 11-08-88                        File System                        8:46 am
 File  Options  Arrange  Exit                              │ F1=Help
 Ctrl+letter selects a drive.
 ⊞A  ⊞B  ☐C  ☐D


 C:\
       Directory Tree                              *.*
 ─GEMBOOT                        ↑
 ─GEMDESK                        ⌃   012345  .678        109   06-17-88
 ─GEMDIARY                           ALIAS   .DOS        185   10-13-88
   ─TERMINE                          AUTOEXEC.BAT        215   10-10-88
   ─KARTEIEN                     ⌄   COMMAND .COM     38,203   06-17-88   ⌄
 ─GEMSYS                         ↓   CONFIG  .SYS        213   10-07-88   ↓

 ⊞A  ⊞B  ☐C  ☐D


       Directory Tree                              *.*
 ✓C:\
   ─1ST_WORD                          012345  .678        109   06-17-88
     ─DOCS                            ALIAS   .DOS        185   10-13-88
     ─PRINTERS                        AUTOEXEC.BAT        215   10-10-88
     ─TOOLS                      ⌄    COMMAND .COM     38,203   06-17-88   ⌄
   ─CV                          ↓    CONFIG  .SYS        213   10-07-88   ↓
 _ F10=Actions   Shift+F9=Command Prompt
```

Abb. 2-13. DOS 4.0 Desktop

3. Allgemeine Aspekte

3.1. Ergonomische Aspekte

Wenn das Arbeiten mit einem Desktop-System noch so einfach und angenehm ist, so sitzt man doch sehr lange Zeit vor dem Bildschirm. In letzter Zeit wird viel über die Bildschirmarbeit und ihre gesundheitlichen Auswirkungen diskutiert. Deshalb wird in diesem Kapitel auf die Ergonomie eingegangen. Neben den theoretischen Betrachtungen werden Sie einiges über die Arbeitsplatzgestaltung lesen, wenn sie mit einem Computer arbeiten.

3.1.1. Grundlagen

Der Mensch soll nicht nur die Maschinen benutzen, sondern sich in seiner Arbeitsumgebung auch wohlfühlen. Die ergonomische Arbeitsgestaltung stellt den Menschen in den Mittelpunkt der Betrachtungen und strebt ein Optimum zwischen Wirtschaftlichkeit und Humanität der Arbeit an. In die Ergonomie fließen Erkenntnisse aus den verschiedensten Bereichen der Arbeitswissenschaft ein, wie z.B. die Arbeitsphysiologie, Arbeitspsychologie, Arbeitssoziologie, Arbeitspädagogik, Arbeitstechnologie und Arbeitsmedizin.

Das Wort Ergonomie wird aus den griechischen Wörtern Ergon und Nomos gebildet:

> **Ergon:** Kraft, Leistung, Arbeit
> **Nomos:** Regel, Gesetz, Lehre

Der Inhalt der Ergonomie kann auch als Anpassung der Arbeit an die Fähigkeiten des Menschen verstanden werden, und zwar durch:

-    körpergerechte Gestaltung der Arbeitsplätze und angemessene Körperhaltung,
-    Beschränkung der Beanspruchung durch die Arbeit auf ein zulässiges Maß,
-    Gestaltung der Umgebungseinflüsse,
-    Schaffung gebrauchsgerechter Erzeugnisse und arbeitsgerechter, benutzerfreundlicher Hilfsmittel,
-    Einsatz des Menschens nach Eignung, Übung und Ausbildung,

wobei berücksichtigt werden muß, daß eine Arbeit ausführbar, erträglich, zumutbar und zufriedenstellend sein soll.

Es werden in den folgenden Kapiteln die Anforderungen an die Arbeit mit dem Computer behandelt. Es können nicht auf jedem Arbeitsplatz alle Forderungen erfüllt werden, außerdem muß in jedem Einzelfall eine eigene Lösung gefunden werden, in die zusätzlich subjektive Ideen eines jeden Benutzers einfließen.

3.1.2. Gestaltung des Arbeitsplatzes

Arbeitsplatz:

Der Benutzer soll auf die richtige Arbeitshaltung achten, die dann eingenommen wird, wenn der Oberkörper entspannt ist. Der Oberarm soll locker herabhängen und mit dem Unterarm einen rechten Winkel bilden. Eine ungünstige Körperhaltung führt zu erschwerter Durchblutung des Körpers und zu rascher Ermüdung, deshalb sollen die Stuhl- und Tischhöhe, und ggf. Fußstützen nach den Körpermaßen des Benutzers eingestellt werden. Vor dem Tastenfeld ist eine freie Fläche für die Handauflage günstig. Besondere Bedeutung kommt der Anordnung der Geräte und Arbeitsunterlagen am Schreibtisch zu: sie sollen in jeder Sitzposition leicht erreichbar und für den Anwender übersichtlich angeordnet sein.

Bildschirm:

Die Anzeige auf dem Bildschirm soll so gestaltet sein, daß der Benutzer nicht unnötig belastet wird.

Eine Blendung durch zu hohe Leuchtdichte der Zeichen oder durch zu starken Zeichenkontrast muß ebenso vermieden werden wie zu geringer Zeichenkontrast (der Kontrast soll zwischen 3:1 und 15:1 betragen). Um Reflexion zu vermeiden, soll die Oberfläche des Bildschirmes so matt wie möglich sein (z.B. durch Verwendung von Filtern vor dem Bildschirm).

Der Sehstrahl der Person vor dem Bildschirm soll möglichst senkrecht auf die Mitte des Bildschirmes auftreffen. Die oberste Zeile auf dem Bildschirm soll dabei nicht über Augenhöhe des Benutzers liegen.

Der Beobachtungsabstand zwischen Auge und Anzeige sollte zwischen 40 und 60 cm betragen. Wenn z.B. die Tastatur und Belege abwechselnd betrachtet werden, sollten die Beobachtungsabstände einander angeglichen werden.

Damit man Neigung, Höhe und Beobachtungsabstand den individuellen Bedürfnissen eines Benutzers anpassen kann, sind frei aufstellbare Bildschirmgeräte mit getrennter Tastatur vorzuziehen. Die Faktoren Schwenkbarkeit, Blendungsfreiheit, Entspiegelung, Flimmerfreiheit, Farben, Helligkeits- und Kontrastregelung bzw. Auflösung sind bei vielen Terminals bereits berücksichtigt.

Eingabegeräte:

Die *Tastatur* sollte unabhängig vom Bildschirm beweglich und rutschhemmend aufgestellt sein. Die Bauhöhe der Tastatur sollte ca. 3 cm hoch sein und einen Neigungswinkel zwischen 5 und 10 Grad haben. Schnelles Positionieren am Bildschirm ermöglichen eigene Eingabegeräte. Neben *Lichtstift* und *Touchscreen* ist die *Maus* am meisten verbreitet (s. Kap. 2.2.).

Sowohl bei der Entwicklung von Bildschirmarbeitsplätzen als auch bei Tastaturen läßt sich eine Verbesserung hinsichtlich Ergonomie erkennen:

-    Bildschirm und Tastatur waren früher fix verbunden.
-    Cursortasten sind heute extra angeordnet, im Vergleich zu früher, wo sie mit den numerischen Tasten verbunden (z.B. IBM PC-AT), bzw. unübersichtlich an der Tastatur angeordnet waren (z.B. DEC VT-102).
-    Bildschirmoberflächen sind besser entspiegelt, um Reflexionen zu vermeiden.
-    Die Tastatur ist flacher, um der ergonomischen Bauhöhe von 3 cm zu entsprechen.
-    Bei Bildschirmen sind die Helligkeit und der Kontrast einstellbar, und können so von jedem Benutzer individuell abgestimmt werden.

Zur Vermeidung von Zwangshaltungen muß die Tastatur innerhalb des kleinen Greifraumes stehen.

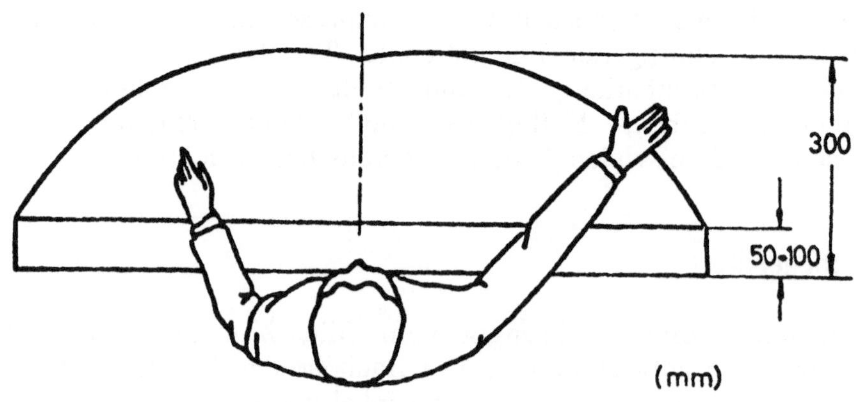

Abb. 3-1. Kleiner Greifraum

Arbeitsunterlagen:

Die Eingabe von Informationen erfolgt oft über Eingabebelege. Die Qualität und Quantität der Eingabe hängt davon ab, wie der Benutzer die Information aufnimmt. Deshalb soll bei der Gestaltung von Eingabebelegen folgendes beachtet werden:

-    guter Kontrast zwischen Zeichen und Papier
-    gute Lesbarkeit
-    kein glänzendes Papier
-    richtige Beleuchtung bei der Arbeit

Beleuchtung des Arbeitsraumes:

Durch Beleuchtungsstärke, Farbzusammensetzung und Schattenwurf werden die Wahrnehmung und Konzentration des Anwenders beeinflußt. Arbeitsräume sollen grundsätzlich durch Tageslicht erhellt sein. Braucht man künstliches Licht, soll es den speziellen Anforderungen angepaßt werden (z.B. keine Reflexionsbilder am Bildschirm).

Bildschirme sind so aufzustellen, daß die Blickrichtung parallel zur Fensterfront verläuft, um Reflexionen und Blendungen zu vermeiden.

Klima, Lärm:

Das Klima wird beeinflußt durch Lufttemperatur, Luftfeuchtigkeit und durch Luftzug von offenen Fenstern bzw. Türen. Zusätzlich zu diesen physikalischen Werten ist der Bekleidungszustand und die durch die Arbeit gebildete Wärme (bei sitzender Arbeit produziert der Körper etwa 100kcal/h - mit dieser Wärmemenge bringt man 1 Liter Eiswasser zum Kochen) für die Beurteilung der Belastung des Menschen notwendig.

Für den Arbeitsplatz eine allgemein gültige Behaglichkeitstemperatur anzugeben, ist sehr schwer, weil jeder Mensch individuell unterschiedlich reagiert. Als Richtwert kann bei Büroarbeit im Sommer eine Lufttemperatur von 20-26 Grad, im Winter 18-23 Grad angegeben werden.

Schallvorgänge werden als Lärm bezeichnet, wenn sie als störend, belästigend oder unangenehm empfunden werden. Sehr hohe und tiefe Töne werden weniger empfindlich wahrgenommen als mittelhohe Töne im Frequenzbereich von 1000 - 10000 Hertz. Die Lautstärke wird in Dezibel (dB) angegeben. Sie soll in einem Büroraum nicht mehr als 50 dB betragen.

Abbildung 3-2 zeigt ein Beispiel für einen ergonomisch gestalteten
Bildschirm-Arbeitsplatz:

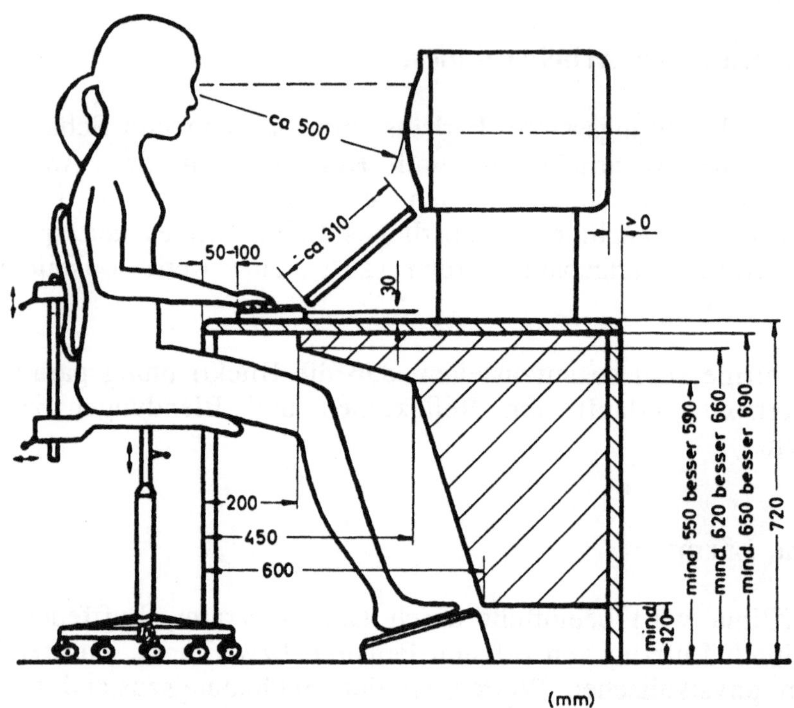

Abb. 3-2. Gestaltung des Arbeitsplatzes

3.1.3. Gestaltung des Bildschirmlayouts

Die Schrifthöhe soll nicht kleiner als 2.6 mm sein und eine Zeichen-
breite von ca. 70% der Schrifthöhe haben, bei graphischen Zeichen
kommt es auf die gute Lesbarkeit an.

Bei **alphanumerischen Terminals** dominiert derzeit die Darstellung
heller Zeichen auf dunklem Untergrund gegenüber der Darstellung
von dunklen Zeichen auf hellem Untergrund. Da bei der
letztgenannten Darstellungsart eine bessere Anpassung an die

Fähigkeiten des Menschen und die Arbeitsplatzgestaltung erwartet wird, ist diese im Zuge der technischen Entwicklung verstärkt zu verfolgen:

(1)   Nicht ganz vermeidbare Reflexionen werden bei der Darstellung dunkler Zeichen auf hellem Untergrund weniger störend wahrgenommen.

(2)   Die Lesbarkeit der Zeichen wird verbessert, weil bei gleichem Kontrast die Erkennbarkeit der Zeichen vor einem hellen Untergrund besser als vor einem dunklen ist.

(3)   Es erfolgt eine Angleichung an die Leuchtdichten der Vorlagen (z.B. helles Papier).

(4)   Die höhere Leuchtdichte der Bildschirmanzeige führt zu einer Verringerung des belastenden Wechselns zwischen Hell- und Dunkeladaption des Auges.

Diese eben aufgezählten Vorteile hängen sehr stark von der zur Verfügung stehenden Hardware ab. Flimmert ein Bildschirm, der einen hellen Untergrund unterstützt, so wird dies störender empfunden als bei einem Bildschirm mit dunklem Untergrund.

Für die einfärbige Darstellung von Zeichen werden Gelb, Grün, Orange, Weiß bis Grau empfohlen. Die richtige Farbwahl ist deshalb wichtig, weil Farben unterschiedliche psychologische Wirkung auf den Benutzer haben. Die folgende Tabelle gibt darüber Aufschluß:

Tab. 3-1. Auswirkungen der Farben

Psychologische Farbwirkungen		
Farbe	Temperaturwirkung	Psychische Stimmung
Blau	kalt	beruhigend
Grün	sehr kalt bis neutral	sehr beruhigend
Rot	warm	sehr aufreizend, beunruhigend
Orange	sehr warm	anregend
Gelb	sehr warm	anregend
Braun	neutral	anregend
Lila	kalt	aggressiv, beunruhigend

Bei der **graphischen Darstellung** kann der Benutzer den funktionellen und räumlichen Zusammenhang bzw. eine Klassenzugehörigkeit viel schneller als bei der alphanumerischen erkennen. Graphisch dargestellte Objekte sind anschaulich, sprachunabhängig und haben eine hohe Informationsdichte. Beispielsweise beinhaltet ein Säulendiagramm bzw. eine Kurve zur Darstellung eines Sachverhaltes mehr Aussagekraft als die bloße Angabe von Zahlen.

Die Farbwahl ist bei graphischen Benutzeroberflächen besonders wichtig, weil zu grelle Farben und eine nicht abgestimmte Farbzusammenstellung den Benutzer unbewußt beeinflussen. Z.B. verwendet GEM-Desktop Blau als Hintergrundfarbe, und Topview gibt dem Anwender die Möglichkeit, die Farbzusammenstellung selbst zu wählen. Für Warnhinweise wird man z.B. Rot verwenden, für häufig verwendete Farben Grün oder Orange.

Die graphische Darstellung von Benutzeroberflächen erleichtert besonders für unerfahrene Benutzer die Arbeit mit dem Computer. Eine komfortable Benutzeroberfläche sollte bei der Entwicklung deshalb nicht zu kurz kommen, weil der Benutzer zuerst mit dieser in Kontakt kommt. Ist dieser erste Eindruck gut, wirkt sich dies positiv auf die weitere Arbeit mit dem System aus, oder entscheidet sogar den Kauf des Computers.

Eine bequeme Benutzeroberfläche wird mit einem Desktop-System erreicht, wo die verschiedenen Objekte in Windows dargestellt werden. Die verschiedenen Windows werden je nach Desktop-Anwendung überlappend oder nebeneinander am Bildschirm angezeigt. Dabei muß beachtet werden, daß nicht zu viele Windows am Bildschirm angezeigt werden, um die Übersicht nicht zu verlieren.

Der Mensch kann nur eine begrenzte Anzahl von Objekten gleichzeitig managen und darüber die Übersicht behalten. Der Psychologe George Miller (1951) stellte fest, daß man nur sieben (+/- 2) Objekte auf einmal bearbeiten kann. Diese Begrenzung ist unter *Hrair Limit* ([BOO83]) bekannt, bei dessen Überschreitung ein Konzept für den Menschen zu komplex wird.

3.1.4. Software-Ergonomie und soziale Aspekte

Bei der *Software-Ergonomie* werden die Programme an die Anforderungen des Benutzers angepaßt. Erstrebenswert wären auch herstellerunabhängige Richtlinien zur Dialoggestaltung, um ein oftmaliges Umgewöhnen zu vermeiden.

IBM verfolgt mit SAA (System Anwendungs-Architektur) das Ziel, einheitliche Anwendungsunterstützung, Benutzerunterstützung und Kommunikationsunterstützung zu erreichen (s. [IBM87]). Die Benutzerunterstützung wird so durchgeführt, daß sich Anwendungen dem Benutzer gleichartig darbieten, z.B. einheitliche Bildschirmgestaltung, Interaktionstechniken und gleichartige Gestaltung der Tastaturen. Für den Anwender ist es egal, ob er an einem PC oder Großrechner arbeitet. IBM realisiert dieses Konzept für den PC und die Systeme /3x und /370-XA.

Folgende Programmeigenschaften erleichtern die Arbeit mit dem Computer:

- Benutzerfreundlichkeit und leichte Erlernbarkeit.
- Keine Wartezeiten, weil der Benutzer bereits nach 2-3 Sekunden die Konzentration verliert.
- Konfigurierbare Dialoge, um jedem Benutzer die Chance zu geben, seine individuellen Wünsche einfließen zu lassen.
- Verständliche Systemmeldungen und Help-Funktionen, die auch von unerfahrenen Benutzern verstanden werden.
- Fehlertoleranz, damit geringfügige Benutzerfehler automatisch korrigiert werden.
- WYSIWYG ("What you see is what you get")

Bei der Einführung eines Computers sollte man auch *soziale Aspekte* nicht außer acht lassen:

- nicht quantitativ, sondern qualitativ verbessern
- nicht rationalisieren, sondern Arbeitsbedingungen wie z.B.
    - weniger Routinearbeit
    - Weiterbildung
    - weniger Zeitdruck anstreben
- Verantwortung des Benutzers erhöhen, und nicht die Arbeit abwerten

Das Arbeiten in einer Gruppe fördert die Arbeitsleistung, die Mitarbeiter spornen sich gegenseitig an: Der Arbeitsplatz am Terminal ist meist einsam, weil man nur mit einer Maschine kommuniziert. Ohne gegenseitige Anregungen, Lob bzw. Kritik (z.B. beim gemeinsamen Mittagessen oder bei einer offiziellen Kaffeepause) wird die Arbeitsleistung bald abnehmen.

3.2. Psychologische Aspekte der Kommunikation

Immer mehr Menschen sind täglich bei ihrer Arbeit mit einem Computer konfrontiert. Durch Computer vereinfacht sich die Arbeit, aber es ergibt sich die Frage, wie sich die Computerarbeit auf die Psyche des Menschen auswirkt. Man muß bedenken, daß der Computer bei manchen Arbeiten einen Arbeitskollegen ersetzt. Bei Desktop-Systemen ist das zwar nicht der Fall, aber man arbeitet doch mit dem "Computer als Kommunikations-Partner".

3.2.1. Allgemeines Modell der Kommunikation

Da sich der Computer nicht mehr vom Alltag des Menschen weg-
denken läßt, stellt man sich oft die Frage: "Kann die Maschine
überhaupt Kommunikationspartner sein?" Neben der Rolle des Computers als reiner Informationswandler wird die Kommunikations-
leistung des Computers immer wichtiger. Sie verbessert einerseits
das äußere Erscheinungsbild, andererseits steigert sie den Benutzer-
komfort. Der Computer übernimmt zunehmend die den menschlichen Kommunikationspartnern zugedachten Kommunikations-
leistungen.

Das Wort Kommunikation ist vom lateinischen Wort *communicare*
abgeleitet und bedeutet übersetzt:

- miteinander teilen
- mitteilen
- gemeinsam machen

Im ursprünglichen Wortsinn ist Kommunikation nicht nur Austausch
von Fakten, sondern auch etwas, das die Menschen einander näher
bringt.

Damit sich Kommunikationspartner untereinander verstehen, werden
eine Menge von Übereinkünften vorrausgesetzt:

- *Syntaktische Vereinbarungen*: gleiche grammatische
  Regeln werden verwendet.
- *Semantische Vereinbarungen*: unter dem gleichen Begriff
  sollte man annähernd das gleiche verstehen.
- *Pragmatische Vereinbarungen*: die Kommunikationspartner
  sollten in der gleichen Wirklichkeit leben, und in dieser
  ähnliche subjektive Erfahrungen mit der Realität haben.

Nach Ingbert Kupka [KUP82] ist Kommunikation "ein koordiniertes symbolisches Handeln mehrerer beteiligter Kommunikationspartner unter Zuhilfenahme eines Mediums mit den charakteristischen Eigenschaften":

(1) *Zwecksetzung:*
Kommunikation dient dem koordinierten Handeln der Kommunikationspartner.

(2) *Zielbindung:*
Kommunikation unterliegt den Intentionen der Kommunikationspartner

(3) *Verstehensgrundlage:*
Ein Mindestmaß an einer gemeinsamen Verstehensgrundlage wird vorausgesetzt.

(4) *Metabezug:*
Kommunikation kann sich auch auf seine Voraussetzungen beziehen.

(5) *Erwartungsabhängigkeit:*
Bei der Kommunikation spielen die gegenseitigen Partnerbilder eine Rolle.

(6) *Ökonomiebestreben:* Kommunikation ist charakterisiert durch den Trend zum ökonomischen Verhalten.

Bei der Kommunikation kann man folgendes beobachten: Ein Benutzer verfolgt bestimmte Pläne, die wesentlich vom Partnerbild beeinflußt werden. Reagiert der Kommunikationspartner nicht im erwarteten Sinn, treten durch Rückkopplung Veränderungen des Partnerbildes beim Benutzer auf, das dann zu einer Änderung des Planes führt. Dieser Prozeß wird wie folgt charakterisiert:

- Der Benutzer hat ein Ziel und ein aktuelles Partnerbild
- Partnerbild und Ziel lösen einen konkreten Plan für die Zielerreichung aus
- Aus dem aktuellen Plan setzt der Benutzer Aktionen an das System
- Die Reaktion des Systems wirkt auf das Partnerbild: nicht erwartete Reaktionen ändern das Systembild (z.B. durch "on-line Helps")
- Es kommt zu einer Änderung des Planes

Kupka [KUP82] unterscheidet folgende Kommunikationsarten:

- *formale Kommunikation*: Das Verhalten eines Kommunikationspartners kann man durch ein Schema modellieren, in dem alle Komponenten im mathematischen Sinn beschreibbar sind.
- *algorithmische Kommunikation*: Die Komponenten der Kommunikation sind auf einem Rechner modellierbar, und das Kommunikationsverhalten ist programmierbar.
- *diskrete Kommunikation*: Algorithmische Kommunikation, die den Bedingungen der natürlichen Kommunikation genügt.

Die formale Kommunikation hat den Zweck, daß die Kommunikation durch die Beschreibbarkeit kontrollierbar ist (z.B. können auf diese Weise Handlungen delegiert werden). Die natürliche Kommunikation ist in vielen Fällen nicht algorithmisierbar. Andererseits kann die algorithmische Kommunikation so komplex sein, daß sie nicht mehr in den Bereich der natürlichen Kommunikation fällt.

Dieser Sachverhalt wird in folgender Skizze veranschaulicht:

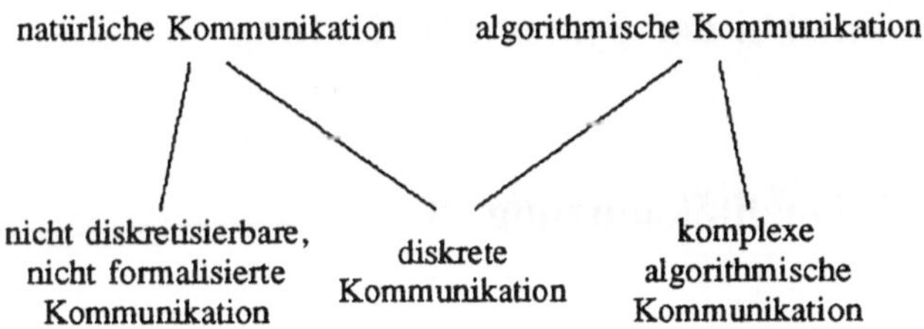

Bei der Gestaltung der Mensch-Maschine-Schnittstelle wird besonders der Überlappungsbereich von natürlicher und algorithmischer Kommunikation betrachtet und versucht, diesen optimal auszuschöpfen.

Die Metakommunikation zwischen Mensch und Computer kann nur algorithmisch sein. Sie betrifft die formalen, syntaktischen und semantischen Vorraussetzungen. Die Metakommunikation zwischen menschlichen Partnern betrifft aber besonders die pragmatische Ebene. Ein Benutzer muß daher sein metakommunikatives Verhalten auf das algorithmisch Relevante reduzieren. Computermeldungen wie z.B.

"ICH BIN DAS PROGRAMM XY UND NEHME MIT FREUDE IHRE ANWEISUNGEN ENTGEGEN"

sollte man meiden, weil ein falsches Partnerbild beim Benutzer über den Computer entsteht. Aber gerade solche Ausgaben sind bei unerfahrenen Benutzern sehr beliebt und erleichtern ihnen das Arbeiten mit dem Computer. Meist wird dabei die Maschine vermenschlicht und als "Wunderding" betrachtet.

Der Computer ist als eine Maschine anzusehen, die sich rein formal verhält, und nicht im geringsten etwas zeigt, was man von einem "Partner" erwartet.

3.2.2. Probleme bei der Systementwicklung

3.2.2.1. Funktionalitätsnutzung

Untersuchungen ([SCH84] S. 329ff) haben ergeben, daß bei einer großen Anzahl komplexer informationstechnischer Systeme nur ca. 40% der Funktionalität genutzt wird. Der Sachverhalt ist in der Abbildung 3-3 dargestellt:

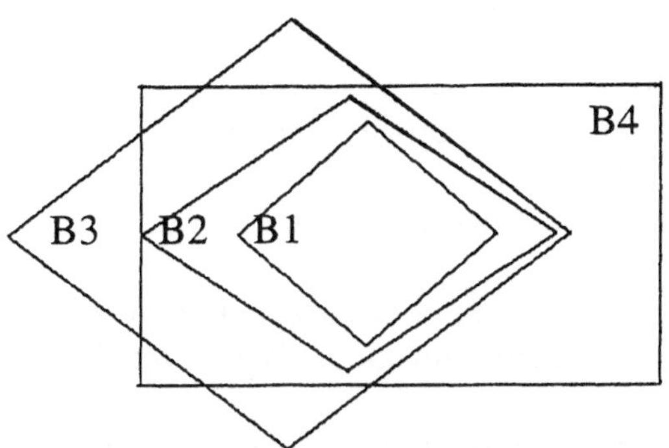

Abb. 3-3. Funktionalitätsnutzung

B1:

B1 ist die Teilmenge der Funktionen eines Systems, die ein Benutzer beherrscht und ohne Probleme benutzt.

B2:

B2 ist die Teilmenge der Funktionen, die zusätzlich zu B1 noch Funktionen enthält, über die der Benutzer Bescheid weiß und gelegentlich benützt. Mit Einzelheiten ist er nicht vertraut und braucht ggf. eine Benutzerführung (zB. Help-System).

B3:

B3 zeigt die Menge von Funktionen des Computer-Systems, die nach Meinung des Benutzers das System ausmacht.

B4:

B4 stellt das eigentliche System dar.

Anhand von Abbildung 3-3 ist erkennbar, daß ein Benutzer die Funktionalität eines Systems unterschätzt, aber im Gegensatz dazu vermutet er Funktionen, die in Wirklichkeit nicht existieren (siehe die Flächen außerhalb des Bereiches von B4).

3.2.2.2. Designer - Computer - Benutzer

Die Entwicklung von Desktop-Systemen sollte nicht nur das äußere
Erscheinungbild, sondern auch den Funktionalitätsumfang optimieren. Vor allem soll der Nutzungsgrad von nur 40% erhöht werden!

Systementwickler und Systembenutzer gehen meistens von einem
unterschiedlichen Wissensstand aus. Dazu zwei Beispiele:

- Entwicklung eines Textverarbeitungssystems: Der Designer
  kennt alle Einzelheiten über die Funktionalität und die
  Fehlerreaktionen. Der Benutzer benötigt eine Einschulungszeit, wenn er das Textverarbeitungssystem effizient
  verwenden will. Wie im Kap. 2.2.2.1. bereits erwähnt
  wurde, verwendet der Benutzer trotz Einschulungszeit
  nicht alle Funktionen, der Wissensstand ist also geringer
  als der des Designers.

- Entwicklung einer statistischen Auswertung: Der Systembenutzer hat ganz bestimmte Vorstellungen, was das
  Programm leisten soll; der Designer des Programms
  überträgt diese auf den Computer. D.h. er bildet sein
  eigenes Modell, um das Problem zu realisieren. Der
  Wissensstand des Anwenders und der des Designers sind
  unterschiedlich, was zu Problemen führen kann. Deshalb
  sollten bei der Entwicklung die Vorstellungen des
  Designers und des Benutzers öfters verglichen und auf
  einen gemeinsamen Nenner gebracht werden.

Es ergeben sich drei verschiedene Anforderungen, die dem Designer
bei der Entwicklung eines Systems helfen ([SCH84] S. 333ff):

Anforderungen an den Designer:

Die Planung eines Desktop-Systems kann man

- mit der natürlichen Sprache beschreiben
- formal beschreiben (z.B. durch Netzdarstellung)
- als lauffähige Prototypen präsentieren

wobei Prototypen die beste Lösung darstellen, weil man damit das dynamische Verhalten der Mensch-Maschine-Schnittstelle bewerten kann.

Es sollen sowohl die Parameter optimiert werden (z.B. wie sollen Elemente in einem Menü angeordnet werden (zufällig oder alphabetisch)), als auch die kognitiven Aspekte des Benutzerverhaltens beschrieben werden, z.B. Benutzervorbildung, Vertrautheit mit der Funktionalität.

Anforderungen für den Benutzer:

Bei der Kommunikation mit dem Computer geht der Benutzer von einem persönlichen Systembild aus, das nicht unbedingt identisch mit dem tatsächlichen Aufbau des Systems sein muß. Solche Modelle, die Personen von Systemen haben, sind oft unvollständig bzw. unpräzise spezifiziert. (Z.B. wird sich ein Anfänger schrittweise in ein System einarbeiten, und anfangs mit den nötigsten Kommandos auskommen.)

Diese Tatsache sollte vom Designer berücksichtigt werden. Eine Unterstützung dafür ist das GOMS-Modell [BEN86]. Es berücksichtigt die Verhaltensweisen des Benutzers und gibt Vorschläge, wie diese vorausbestimmt werden können. Das GOMS-Modell besteht aus:

(1) einer Reihe von Zielen (Goals):
              Ein Ziel ist eine symbolische Struktur, die einen Zustand definiert, der durch eine Reihe von möglichen Operatoren dargestellt ist.
(2) einer Reihe von Handlungen (Operations):
              Das sind Tätigkeiten, die unternommen werden, um ein Ziel zu erreichen.

(3) einer Reihe von Methoden zur Zielerreichung (Methods):
     Das sind Prozeduren zur Zielerreichung.
(4) einer Reihe von Auswahlsregeln (Selection):
     Das sind Entscheidungsmöglichkeiten für eine
     optimale Methode.

Anforderung an den Computer:

Ein Computer-System soll Wissen über "sich selbst" und den
Benutzer haben. Selbstwissen ist z.B. für Hilfesysteme oder
tutorielle Systeme erforderlich.

Das Wissen für ein Benutzermodell des Computers wird z.B.
explizit vom Benutzer erfragt, oder implizit durch Beobachten und
Interpretieren von Benutzerinteraktionen erstellt.

Modellierung dieser Anforderungen:

Die zuletzt aufgezählten Anforderungen sollte man bei der Erstellung eines Desktop-Systems beachten und versuchen, sie mit Modellen ([SCH84] S. 330) zu beschreiben. Zum Beispiel bildet sich jeder
Benutzer im Verlaufe seiner Beschäftigung mit einem System ein
inneres Modell, das seine Vorstellungen von den Systemleistungen
und den Objekten der Bearbeitung enthält. Diesem mentalen Modell
kommt eine entscheidende Rolle bei der effizienten Nutzung des Systems zu. Der Aufbau eines solchen Modells kann durch die
Verwendung von passenden Analogien erleichtert werden. Diese
Analogien sind bei Desktop-Systemen im Bürobereich Ordner,
Aktenschränke, Briefkästen und Papierkorb (s. Kap. 4.5.). Die sy-
stemtechnischen Größen und Eigenschaften wie Speicherauslastung
bzw. Funktionsweise von Arbeitsvorgängen bleiben dem Benutzer
verborgen, sind aber zusätzliche Punkte für den Designer.

Die Tatsache, daß Modelle die reale Welt nur unvollständig
beschreiben, macht sie nicht nutzlos: Bei der Entwicklung eines Systems ist es sinnvoll, zuerst mit einem einfachen Modell zu begin-
nen und dieses dann in der weiteren Entwicklung zu ergänzen.

Dazu einige Beispiele:

- Ein Systemdesigner entwickelt einen Prototyp des Systems. Dieser Prototyp wird dem Benutzer vorgestellt. Durch die Diskussion mit dem Benutzer kann der Systemdesigner sein Modell weiter verfeinern.

- Der Designer kann das Desktop-System mit zusätzlichen Fehler- und Hilfsmeldungen versehen. Das ist z.B. sinnvoll, wenn sich der Benutzer bei der Eingabe eines Befehles vertippt, diese Tastenfolge aber eine andere Aktion auslöst, die der Benutzer nicht kennt. Ein benutzerführendes Hilfesystem ermöglicht dem Anwender, sich in dieser "fremden Umgebung" zurechtzufinden.

- Modelle über das "Selbstwissen" des Computers haben den Sinn, daß der Anwender einer Applikation vom Computer-System beraten wird, z.B. kontextbezogene Ratschläge.

Ein Systementwickler hat die Aufgabe, diese Modelle zu erstellen, indem er z.B. die Benutzer in den Entwicklungsprozeß miteinbezieht. Diese Vorgangsweise hat aber folgende Nachteile:

- Viele Personen können ihre Arbeitsumgebung nicht explizit beschreiben.
- Ungeübte Computerbenutzer haben zu wenig Kenntnis über die Grenzen und Möglichkeiten eines Computers.
- Einige Benutzer verstehen die zugrundeliegenden Gesetzmäßigkeiten nicht und lernen die Befehle für den Computer nur auswendig, was ein konstruktives Arbeiten mit dem Computer verhindert.

Je mehr ein Systemdesigner in diesen Modellen berücksichtigt, z.B. welche Benutzerklassen verwenden eine spezielle Anwendung, welche Hinweise erwartet ein Benutzer vom System, bzw. soll das System einen Benutzer kontrollieren oder eigenständiges Arbeiten voraussetzen, desto komfortabler wird die Benutzeroberfläche.

4. Marktvergleich von Window-Systemen

4.1. Einleitung

Auf dem PC-Markt sind Benutzeroberflächen mit Windowtechnik und Menüs sehr weit verbreitet. Fast alle Anwendungen können auch mit der Maus benutzt werden, wie z.B. Editoren. Nicht nur die Applikationen werden mit dieser neuen Technik bedient, sondern auch auf das Betriebssystem aufsetzende Desktop-Systeme erleichtern dem Benutzer die Kommunikation mit dem Computer.

Nach der Modellierung von Kap. 3.2.2.1., wo man feststellt, daß ein Benutzer nur einen Bruchteil der gesamten Funktionalität eines Systems beherrscht, kann man bei Desktop-Systemen die Funktionalität überschaubar halten. Mit den Helpfunktionen kann ein Benutzer die gesamte Funktionalität erfragen. Der Benutzer selektiert die Kommandos mit der Maus (z.B. aus Menüs), und muß sie nicht mehr einzeln mit dem Kommandonamen eingeben. Das "Modell des Systembenutzers" ist bei Desktop-Systemen besser berücksichtigt als bei der kommandoorientierten Eingabe, weil die Windowtechnik besser der menschlichen Vorstellungskraft entspricht als die bloße Angabe von Kommandonamen.

In den folgenden Kapiteln werden einige Desktop-Systeme und deren Funktionsweise vorgestellt und anschließend werden sie in Hinblick auf die Bedienphilosophie verglichen.

Als ein kommandoorientiertes Betriebssystem wird UNIX mit seiner hohen Funktionalität vorgestellt. Für unerfahrene Benutzer ist UNIX wegen der komplizierten Kommandoeingabe eher ungeeignet.

4.2. Das System UNIX

UNIX (Ken Thompson, Bell Laboratories 1969) ist ein weitverbreitetes, rechnerunabhängiges Betriebssystem, das auf Computern verschiedenster Klasse, z.B. Minicomputer (DEC VAX), aber auch PC, mit gleicher Funktionalität läuft. UNIX selbst ist in der Programmiersprache C implementiert, die im Zusammenhang mit UNIX immer mehr an Bedeutung gewinnt. Eines der Ziele von UNIX ist es, die problemlose Entwicklung von Programmen zu ermöglichen. Außerdem ist es möglich, die Programme zwischen unterschiedlichen UNIX-Rechnern auszutauschen.

UNIX ist ein Multiuser- und Multitaskingsystem: mehrere Benutzer können zur selben Zeit an einem Computer arbeiten, wobei auf Sicherheit und Schutz aller Daten Wert gelegt wird. Ein Benutzer kann auf Grund der Multitaskingfähigkeit mehrere Aufgaben gleichzeitig lösen.

Bei UNIX kann die Arbeitsumgebung an die Bedürfnisse und Gewohnheiten des Anwenders angepaßt werden (z.B. Arbeitsstil, Dienstprogramme und Kommandos).

4.2.1. Kommandoeingabe - Shell

Die Kommandos werden mit Hilfe des Kommandointerpreters "Shell" eingegeben und interpretiert. Die Shell ist ein Programm, das die Kommandos vom Benutzer an den Kern des UNIX-Betriebssystems weitergibt. Sie empfängt ein Kommando vom Benutzer und führt dann aufgrund dieses Kommandos die entsprechenden Aktionen durch. Die Befehlseingabe ist kommandoorientiert: der Anwender gibt zuerst das Kommando an, danach die kommandospezifischen Argumente.

Beispiel: *cp filename1 filename2*
Der Befehl "copy" kopiert das File mit dem Namen filename1 und benennt das neue File mit filename2.

Um sinnvoll arbeiten zu können, muß der Benutzer bei Kommandoeingabe den Befehlsnamen und dessen Argumente kennen. Für viele Systemutilities wie z.B. *ls* (listet das Inhaltsverzeichnis eines Directories auf) gibt es einige Optionen, bei deren Angabe genauere Informationen gegeben werden: *ls -l* gibt bei jedem File zusätzlich die Benutzerrechte an. Für einen ungeübten Benutzer ist es schwierig, die Vielfalt aller Befehle zu beherrschen. Das Kommando "copy" kann z.B. auch zum Kopieren von Directories verwendet werden, braucht aber zusätzliche Optionen, damit alle Files des Directories mitkopiert werden.

4.2.2. Tools für den Benutzer

Auf Grund der Kommandovielfalt bietet UNIX dem Benutzer ein **elektronisches Manual**, in dem alle Kommandos aufgelistet und beschrieben sind. Der Befehl *man kommname* liefert die Beschreibung des Kommandos *kommname* und die Erklärung aller möglichen Optionen.

UNIX bietet für Anfänger das **Lernprogramm** *learn*, wo die wichtigsten Kommandos erklärt und in Testbeispielen durchgeführt werden. Dadurch erhält der Benutzer einen groben Überblick über das System und lernt die wichtigsten Kommandos kennen, mit denen man sinnvoll arbeiten kann.

Der Benutzer kann sich weiters seine **Arbeitsumgebung** nach seinen eigenen Vorstellungen einrichten. Er kann sich eine Liste erstellen, in der die Kommandos umbenannt sind: z.B. *alias cp copy* ersetzt den Kommandonamen "cp" durch "copy". Das ist sinnvoll, wenn ein Benutzer mit verschiedenen Systemen arbeitet und für eine Aktion verschiedene Kommandonamen kennen muß. (Z.B. ist beim Betriebssystem MS-DOS der Kommandoname für das Kopieren "copy", bei UNIX "cp".)

Für die **Softwareentwicklung** in der Programmiersprache C werden nicht nur Texteditoren und Compiler zur Verfügung gestellt, sondern auch Werkzeuge für die automatische Überprüfung des Programmierstils durch *lint* oder durch die Parsergeneratoren *lex* und *yacc*.

Die **Textverarbeitung** umfaßt nicht nur Hilfsmittel zur Erstellung von Berichten, sondern auch Tools für die graphische Aufbereitung (*pic*) und die Erstellung von Tabellen (*tbl*). Mit den Textverarbeitungstools *troff* und *nroff* wird der Output von Texten qualitativ verfeinert, wie z.B. automatische Kapiteleinteilung, Seitennumerierung, Schriftbildverschönerung, Formatierung von Serien und Erstellung eines Inhaltsverzeichnisses. Für englische Texte ist eine Überprüfung der Rechtschreibung mit dem Tool *spell* möglich.

Obwohl die Textverarbeitung (*troff, nroff*) sehr leistungsfähig ist, ist beim Editieren am Bildschirm nicht ersichtlich, wie der Ausdruck eines Textes am Papier endgültig aussieht: Die Sonderfunktionen der Textverarbeitung müssen als Textformatierkommandos in das File eingefügt werden und von den Textverarbeitungstools in Textausgabesteuerzeichen umgewandelt werden. Das Layout des Textes ist erst nach dem Drucken ersichtlich. Für einen Benutzer ist es aber wünschenswert, schon beim Erstellen des Textes das Erscheinungsbild zu erkennen. (Z.B. beim Textverarbeitungssystem "Wordstar" kann man zwischen zwei Anzeigeformaten wählen: Anzeige bzw. Ausführung der Textausgabesteuerzeichen.)

Für einen kundigen Anwender ist diese Art der Textverarbeitung sicherlich das "mächtigere" Werkzeug, weil eine objektorientierte Textverarbeitung wie z.B. GEM-Write nicht diesen großen Funktionsumfang bietet.

Die Benutzer eines UNIX-Systems können untereinander Informationen in Form von "Briefen" mit dem Tool *mail* austauschen. Auch das netzweite Versenden von Post wird unterstützt. Interaktiv können die Benutzer mit *talk* bzw. *write* kommunizieren.

UNIX bietet weiters einige praktische Hilfstools, wie z.B. Terminkalender (*cal, calendar*) und Taschenrechner (*bc*).

4.2.3. Kommandoorientierte Benutzeroberfläche

Ein Erstbenutzer muß eine Vielzahl von Kommandos und deren Optionen kennen, um effizient mit dem System arbeiten zu können. In einigen Fällen werden sogar Programmierkenntnisse vom Benutzer verlangt, wie z.B. die Programmierbarkeit der Shell oder die Erstellung von Graphiken mit "Pic".

UNIX ist ein System für Computerinteressierte. Ein ungeübter Benutzer wird sich auf einige Anwendungen beschränken und die Möglichkeiten von UNIX nicht nützen, weil er keine Zeit und meist kein Interesse dafür aufbringt.

4.3. Das Desktop-System GEM

GEM (Graphics Environment Manager) bietet eine Schnittstelle zwischen Mensch und Maschine, bei der die Befehle des Betriebssystems in eine graphische Umgebung umgesetzt werden. GEM-Desktop, eine graphische Benutzeroberfläche des Betriebssystems, ist mit der Schnittstelle von GEM entwickelt worden und wird am PC sehr häufig verwendet.

Einen typischen GEM-Desktop zeigt die folgende Abbildung:

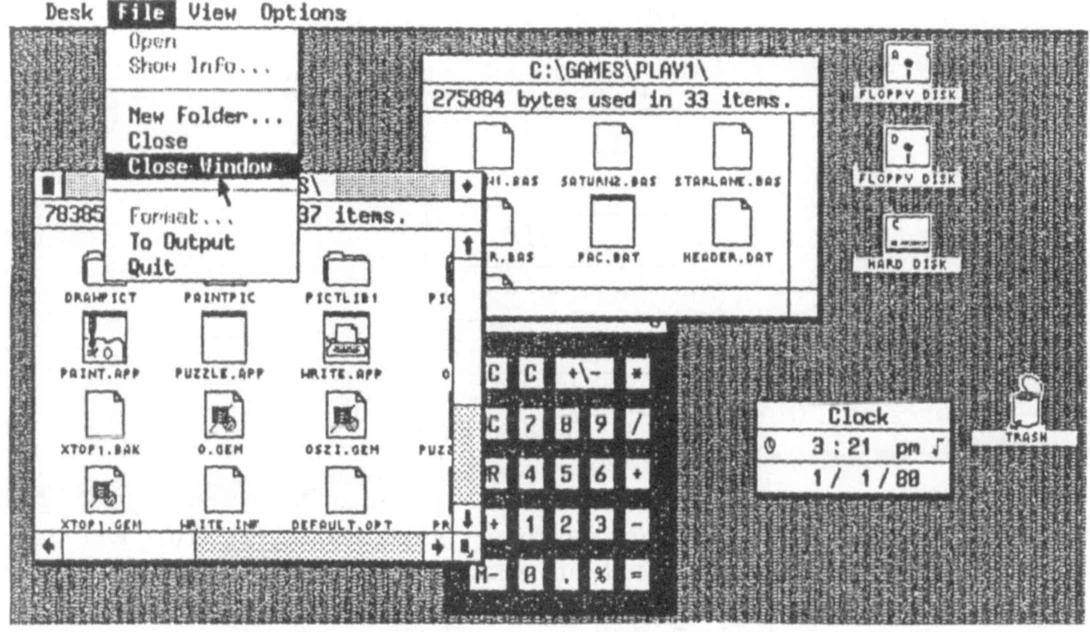

Abb. 4-1. Typischer GEM-Desktop

Mehrere Windows können überlappend angezeigt werden. Es ist aber immer nur ein Window im Vordergrund (Input-Focus), bei dem man die Windowfunktionen an den Windowrändern anklicken kann.

Maximal können sieben Windows (+ Desktop-Hintergrund) dargestellt werden.

GEM besteht aus dem sogenannten **VDI** (Virtual Device Interface) und dem **AES** (Application Environment Services). VDI ist eine geräteunabhängige Graphikschnittstelle, die Graphikprimitives (Rechtecke, Kreise, Texte) zur Darstellung von graphischen Objekten anbietet. AES ist eine Sammlung von Funktionen (Libraries), die den Umgang mit Icons, Windows und Pull-Down-Menüs ermöglicht, und setzt sich weiters aus einem Dispatcher, Screen-Manager, und je einem Puffer für Desk-Accessories und Menüdaten zusammen.

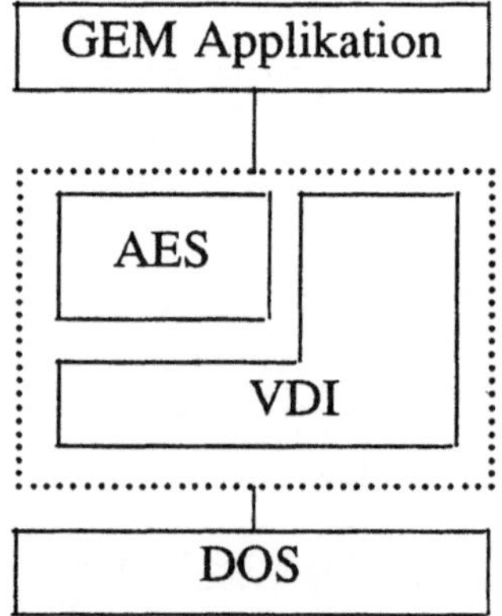

Abb. 4-2. GEM-Architektur

Der Dispatcher teilt die Rechenzeit den einzelnen Prozessen (Applikationen, Hintergrundprozessen und Screen-Manager) zu. Der Screen-Manager kümmert sich um Aktionen außerhalb des aktuellen Windows. Der Menüdaten-Puffer kann Bildschirmausschnitte zwischenspeichern, im Desk-Accessory-Puffer werden die "Schreibtischutensilien" gespeichert. Das sind kleine Hilfsprogramme für den Benutzer, z.B. Uhr, Notizblock oder Taschenrechner, die über ein Pull-Down-Menü aufgerufen werden können.

Mit dem Resource Construction Set (RCS) verfügt GEM über Hilfsmittel, mit denen Menüs und Dialogfenster interaktiv vom Benutzer kreiert werden können. Die Bedienung ist im wesentlichen gleich wie die Bedienung des GEM-Schreibtisches. Das RCS liefert Dateien, in denen die einzelnen Fenster und Menüs abgespeichert werden, und die von einer GEM-Anwendung verwendet werden können. Mit dieser Möglichkeit hat der Benutzer Gelegenheit, das

Layout individuell zu gestalten, ohne den Source Code der Anwendung zu ändern.

Die Hilfsprogramme sind im Vergleich zu UNIX, wo z.B. der "Taschenrechner" mit einem Kommando aktiviert wird, graphisch gezeichnet. Der Taschenrechner bei GEM kann mit der Maus benutzt werden, was dem Tippen mit dem Finger auf einem realen Taschenrechner entspricht.

Interessant ist die Weiterentwicklung von GEM-Desktop: Die ersten Versionen lassen das Öffnen von mehreren Directory-Windows zu, die sich beliebig überlappen können. Die neue GEM-Desktop-Version 2.2 zeigt grundsätzliche Gegensätze zu den ursprünglichen Versionen:

- GEM-Desktop erlaubt *keine* Overlapping-Windows für die Anzeige eines Directory-Inhalts. Es können maximal zwei solche Windows aufgeblendet werden. Der Platz der Windows ist vorbestimmt, 'Move' ist nicht mehr möglich. Prinzipiell kann man aber noch immer Anwendungen mit Overlapping-Windows entwickeln. Ob man ein bestimmtes Window manipulieren kann, entscheidet die Anwendung. Bei GEM-Desktop kann man zusätzlich zu den fix positionierten Windows weitere Windows aufblenden, die man verschieben, vergrößern bzw. verkleinern kann.

- Die Funktion 'Delete' kann nur mehr aus einem Menü ausgewählt werden, im Gegensatz zur alten Version, wo ein Papierkorb am Desktop bereitgestellt ist.

Die Vor- und Nachteile werden am Ende des Kapitels 4.8. beschrieben.

Abbildung 4-3 zeigt das neue Bildschirmlayout des GEM-Desktops:

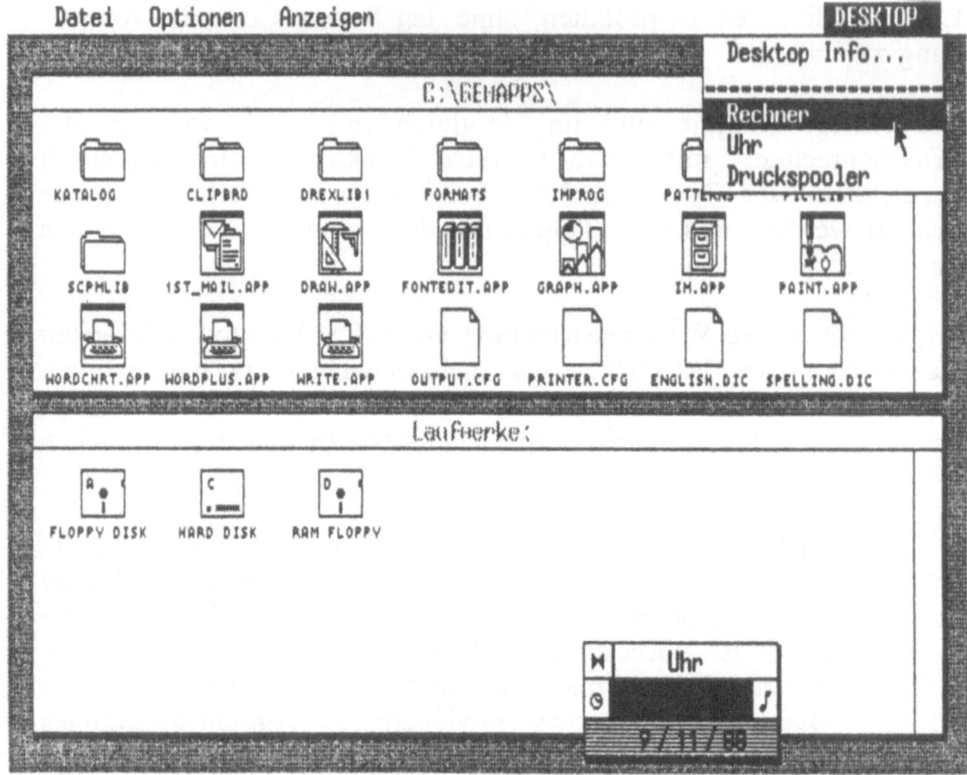

Abb. 4-3. Neues Layout des GEM-Desktops

4.4. Das Desktop-System MS-Windows

Wie GEM bietet MS-Windows in der PC Welt eine bequeme graphische Benutzeroberfläche mit Windows und Pull-Down-Menüs.
Die Windows werden im Gegensatz zu GEM nicht überlappend
angezeigt. Dieses Tiling-Konzept sollte bezüglich der Geschwindig-
keit besser sein als das Overlapping-Konzept, aber in der Praxis
konnte dieses Ziel nicht erreicht werden, weil zusätzliche
Berechnungen zur Teilung der Flächen notwendig sind.

In GEM können Ikonen sowohl in Windows selbst als auch am
Desktop-Hintergrund dargestellt werden. Bei MS-Windows können
sie nur am unteren Rand des Bildschirmes abgelegt werden. In den

Windows werden die Objekte (Files bzw. Directories) als Texte dargestellt.

Ein weiterer Unterschied zu den ersten Versionen von GEM ist die Multitasking-Fähigkeit. Diese ermöglicht, daß mehrere Programme gleichzeitig ablaufen können, wobei man von einem Programm zum anderen schalten kann, ohne vorher eines der Programme beenden zu müssen. Ein Multitasking-fähiges GEM ist bereits entwickelt worden, stand aber zum Zeitpunkt dieses Vergleiches noch nicht zur Verfügung.

MS-Windows schafft sich die Multitaskingfähigkeit selbst (das darunterliegende Betriebssystem MS-DOS ist nur für Singletasking vorgesehen). Verschiedene MS-Windows-Anwendungen kommunizieren untereinander mit Events. Die Zuteilung der Rechenzeiten an die einzelnen Anwendungen wird von MS-Windows selbst verwaltet.

Die Graphik-Schnittstelle ist bei MS-Windows **GDI** (Graphics-Device-Interface), die Funktionen zum Zeichnen von Graphikprimitives zur Verfügung stellt. MS-Windows stellt eine Vielzahl von Tools zur Verfügung, mit denen eine neue Anwendung entwickelt und dem MS-Windows System neu hinzugefügt werden kann. Die Steuerung einer Applikation geschieht über Events: Die Applikation wartet auf das Eintreffen der Events und gibt diese den entsprechenden Windowfunktionen weiter.

Die Abbildung 4-4 zeigt einen typischen MS-Windows Desktop:

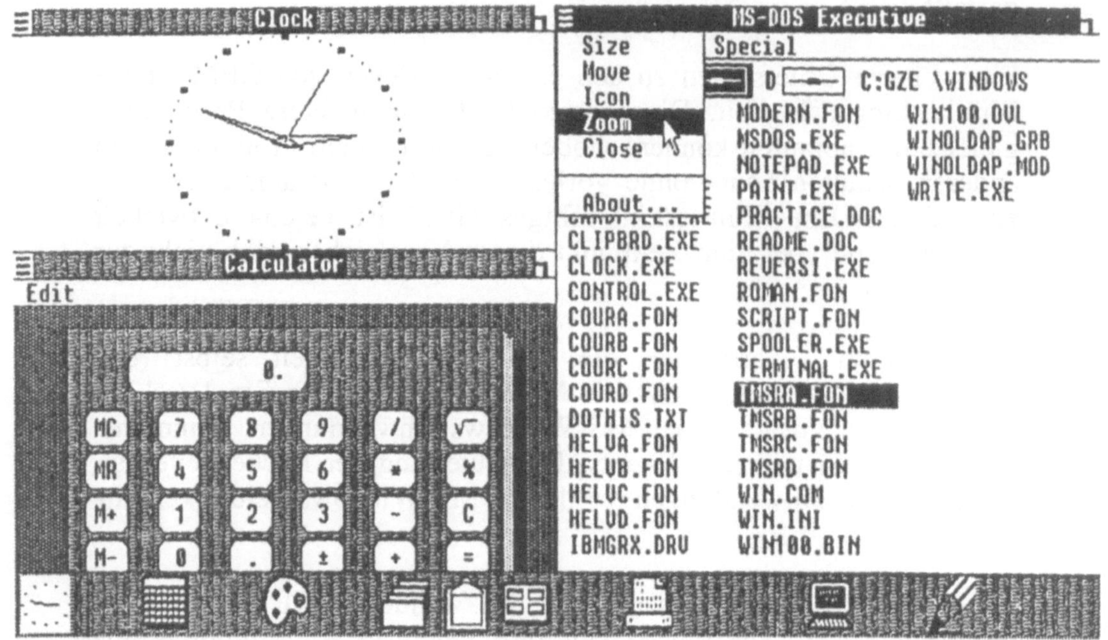

Abb. 4-4. MS-Windows Desktop

In der neuen Version von MS-Windows werden auch Overlapping-Windows verwendet, um der allgemeinen Nachfrage nach dem Overlapping-Konzept nachzukommen. In Kapitel 4.8. wird das Desktop-System MS-Windows mit Tiling-Windows zum Vergleich herangezogen.

4.5. Das Desktop-System Star

Die Xerox-Star-Workstation (bzw. Arbeitsplatzsystem EMS-5800) ist ein System zur Erstellung von Text und Graphiken in einem Dokument. Für die Bedienphilosophie im Kapitel 4.8. wurde eine Version mit Tiling-Windows untersucht. Eine neuere Version unterstützt wie GEM Overlapping-Windows. "Star" (so wird dieses

System in weiterer Folge genannt) ist von allen Desktop-Systemen mit Darstellung und Bearbeitungsphilosophie seiner Objekte dem wirklichen Schreibtisch am ähnlichsten.

Der Desktop ist ähnlich wie GEM aufgebaut: Es gibt einen Hintergrund, in dem die Ikonen dargestellt werden. In Windows werden Dokumente bearbeitet. Ein Symbol befindet sich immer am Star-Desktop: der **Katalog**. Dieser beinhaltet alle für die Arbeit notwendigen Objekte, wie z.B. Dokumente, Mappen und Drucker. Die Arbeitsphilosophie dieses Systems ist, "aus dem Katalog die nötigen Unterlagen zu entnehmen und auf den Schreibtisch zu legen". Die auf dem Desktop abgelegten Objekte sind durch typspezifische Ikonen dargestellt, die man nach dem Double-Klick in einem Window bearbeiten kann. Nach der Bearbeitung eines Dokuments kann der Benutzer zwischen verschiedenen Aufbewahrungsorten wählen:
-     Mappen: Sie können hierarchisch geschachtelt (vgl. Dateisystem von UNIX bzw. DOS) werden. Eine Mappe kann Dokumente, Dateien und andere Mappen beinhalten.
-     Aktenschrank: Dieser kann Mappen, Dokumente und Dateien aufnehmen.
Dokumente und Dateien können keine anderen Ablageobjekte aufnehmen.

In den Abbildungen 4-5, 4-6 und 4-7 werden die Ikonen der eben beschriebenen Star-Objekte gezeigt:

Abb. 4-5. Ikone des Katalogs

Abb. 4-6. Beispiele für die Ikonen einiger Star-Objekte

Star unterstützt ein Mailsystem (vgl. UNIX), womit der Benutzer Briefe in einem "Ausgangskorb" versenden und in einem "Eingangskorb" empfangen kann.

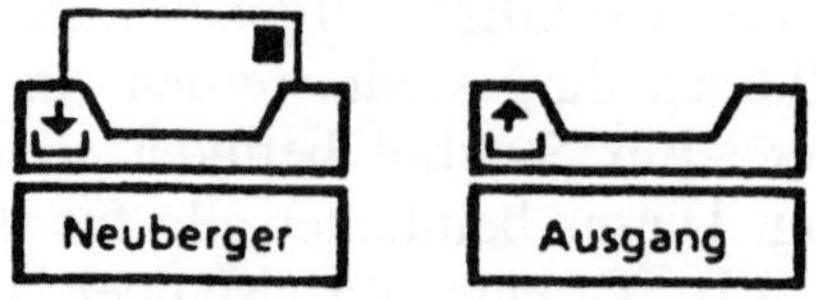

Abb. 4-7. Ikonen eines Eingangs- und Ausgangskorbes

4.6. Das Desktop-System Topview

Topview ist eine alphanumerische Benutzeroberfläche, die sich aber sowohl von der Bedienphilosophie als auch in der Darstellungsart der Windows nicht grundsätzlich von den graphischen Benutzeroberflächen unterscheidet. Unter Topview kann man jede bereits existierende Applikation in einem Window ablaufen lassen. Auch in Topview werden die Windows überlappend organisiert. Im Gegensatz zu den anderen Benutzeroberflächen, bei denen Pull-Down-Menüs verwendet werden, benutzt Topview Pop-Up-Menüs.

Die Windows werden durch einen Rahmen, der von einer einfachen Linie gebildet wird, begrenzt. Eine doppelte Linie kennzeichnet den Input-Focus des Windows. Wenn Topview gestartet wird, erhält man das Kontrollwindow "Start-a-Program", worin alle unter Topview ablauffähigen Anwendungen aufgelistet werden. Eine neue Applikation kann mit der Funktion "Add-a-Program" in das Kontrollwindow aufgenommen, und mit "Delete a Program from Menu" wieder gelöscht werden. Ein großer Vorteil von Topview ist, daß Anwendungen ohne irgendeine Änderung eingehängt werden können. Diese Problematik ist eines der Hauptprobleme bei der Realisierung von Desktop-Systemen.

Abbildung 4-8 zeigt einen typischen Topview-Desktop:

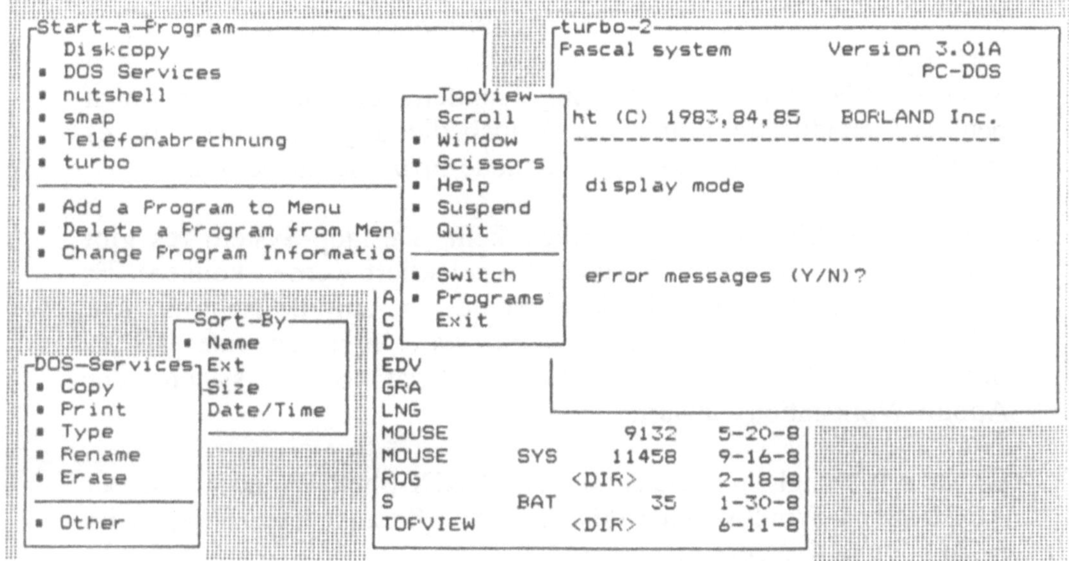

Abb. 4-8. Topview-Desktop

4.7. Das Desktop-System Display Manager

Apollo-Domain-Systeme sind leistungsfähige graphische Worksta-
tions. Meistens sind mehrere Apollo-Workstations in einem
Netzwerk verbunden. Ein Benutzer hat Zugriff auf alle Daten im
Netzwerk, soweit die Zugriffsrechte gegeben sind.

Das Betriebssystem setzt sich aus zwei Teilen zusammen: dem
Display Manager und der *Shell*. Die Shell übernimmt die traditionel-
len Computeroperationen wie File-Management, oder Kompilieren
und Starten von Applikationen. In diesem Punkt unterscheiden sich
Apollo-Workstations nicht von Computern mit herkömmlichen
Betriebssystemen wie DOS oder UNIX.

Die Besonderheit des Betriebssystems ist der Display Manager, der
den gesamten Bildaufbau steuert. Weil der Display Manager

Bestandteil des Betriebssystems ist, übt er seine Funktionen auch unter UNIX Umgebung auf der Betriebssystemebene aus. Dadurch wird eine ausgezeichnete Performance erreicht, weil nicht wie bei anderen Desktop-Systemen auf aufgesetzte graphische Tools zurückgegriffen wird. Der Display Manager stellt nicht nur den Window Manager zur Verfügung, sondern beinhaltet auch einen benutzerfreundlichen Editor mit Mausbedienung. Außerdem ist es möglich, vom Display Manager aus neue Prozesse zu starten.

Der Display Manager ist eigentlich kein Desktop-System (es gibt nur Windows und keine Objekte, die selektiert werden können). Er verwaltet lediglich verschiedene Windows am Bildschirm. Die einzelnen Windows sind "Shell-Windows", in denen eine UNIX-Shell bzw. AEGIS-Shell (AEGIS ist das Betriebssystem der Apollo-Workstation) abläuft.

Es ist z.B. möglich, gleichzeitig ein UNIX-Shell-Window und ein AEGIS-Shell-Window am Bildschirm zu öffnen. Dieses Beispiel ist in Abbildung 4-9 gezeigt:

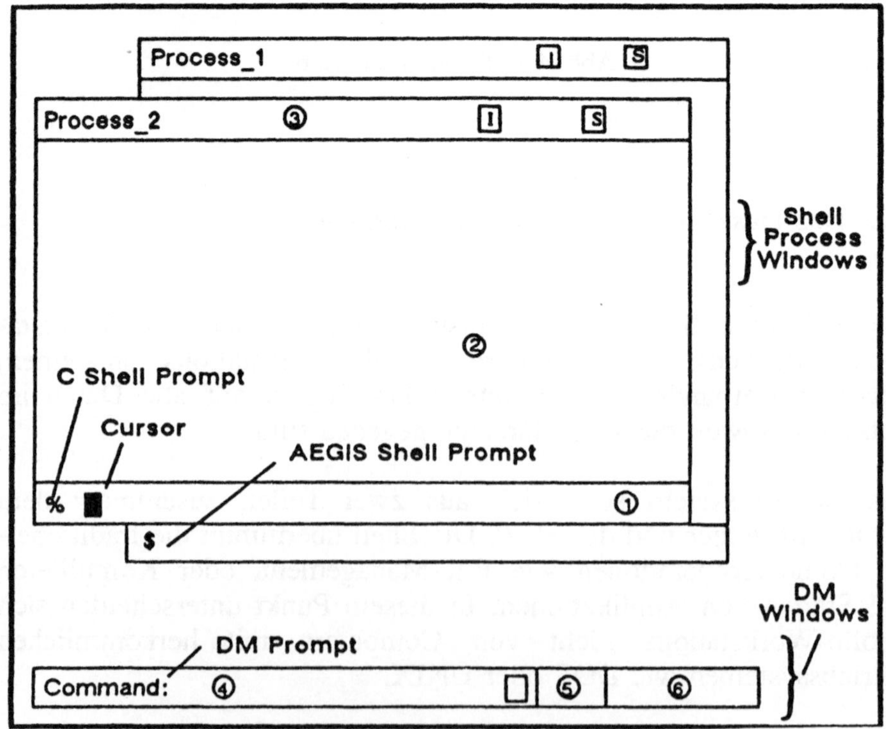

Abb. 4-9. Bildschirm einer Apollo-Workstation

Die Shell-Windows bestehen aus einer Titelzeile (3), in der die Prozeßidentifikation steht, und aus den Mode-Indikatoren (z.B. I oder R), die einen Zustand beschreiben. Der Buchstabe "I" steht für Insert-Mode bzw. "R" bedeutet "Read Only". In der letzten Zeile des Windows (1) ist das Prompt-Zeichen der jeweiligen Shell zu sehen. Der Benutzer kann nur in dieser Zeile Shell-Kommandos eingeben. Im mittleren Teil des Windows (2) werden die Kommandoergebnisse sowie Status und Fehlermeldungen ausgegeben. Genau genommen setzt sich ein Shell-Window aus den eben beschriebenen drei Windows zusammen, die als ein Window vom Display Manager verwaltet werden.

Spezielle Display-Manager-Windows sind immer am Bildschirm vorhanden. Das Display Manager Input-Window (4) nimmt die Kommandos für den Display Manager entgegen. Das Alarm-Window (5) zeigt dem Benutzer durch ein Glockensymbol an, wenn irgendein Prozeß eine Ausgabe in ein verdecktes Window schreibt. Das Window mit der Bezeichnung (6) ist das Ausgabewindow für den Display Manager, in dem z.B. Fehlermeldungen angezeigt werden.

4.8. Vergleich der Bedienphilosophien

In diesem Kapitel werden die in den letzten Kapiteln beschriebenen Desktop-Systeme GEM, MS-Windows, Topview und der Display Manager miteinander verglichen. Es wird genau erklärt, wie man bei diesen Systemen Objekte selektiert, Funktionen auswählt und die Windows bedient.

4.8.1. Desktop-Funktionen

4.8.1.1. Benutzung der Maus

Wenn der Anwender die Maus am Tisch verschiebt, bewegt sich der Mauscursor am Bildschirm mit. Die Gestalt des Mauszeigers bleibt nicht immer gleich, er ändert seine Gestalt abhängig davon, welche Funktion gerade ausgeführt werden soll. Soll man z.B. auf

Ausführung einer Aktion warten, wird an der Stelle des Mauscursors das Symbol "Sanduhr" angezeigt, um mitzuteilen, daß man jetzt keine neue Aktion starten kann und auf Beendigung der Aktion warten soll.

Bei den verschiedenen Desktop-Anwendungen unterscheidet sich die Benutzung der Maustasten (für diese Bedienstudie wurde eine Maus mit zwei für die Systeme GEM, MS-Window, Star und Topview, und eine Maus mit drei Funktionstasten für die Apollo-Workstation verwendet):

- GEM und MS-Windows benötigen nur die linke Taste. Die verschiedenen Aktionen werden durch Klicken ausgelöst bzw. einige Aktionen werden bei gedrückter Maustaste ausgeführt.

- Star: Das Klicken mit der linken Maustaste hat dieselbe Bedeutung wie bei GEM und MS-Windows. Auch das Drücken beider Maustasten gleichzeitig bewirkt eine bestimmte Aktion.

- Topview: Es gibt drei verschiedene Arten, die Maustasten zu betätigen: jeweils einzeln oder beide Tasten zugleich drücken.

- Display Manager: Hier wird eine Maus mit drei Tasten verwendet. Die Maustasten können mit beliebigen Display Manager-Funktionen belegt werden. (Defaultmäßig ist die linke Maustaste mit der Funktion "Change Window Size", die mittlere Taste mit "Pop Window" und die rechte Taste mit "Create View", womit man ein File in einem Window anzeigen - entspricht bei UNIX "cat <file>" - kann, belegt.)

4.8.1.2. Aufblenden und Selektieren in Menüs

- GEM: Um ein Pull-Down-Menü aufzublenden, muß man mit dem Mauscursor auf den Überbegriff des Menüs zeigen. Das Menü wird ohne Drücken auf eine Maustaste aufgeblendet. Die Funktionen, die gerade aufgerufen werden können, werden in normaler, schwarzer Schrift angezeigt, die nichtausführbaren Kommandos in durchbrochener, grauer Schrift. Um ein Kommando aus dem Menü auszuführen, zeigt man mit dem Cursor auf die gewünschte Funktion und klickt mit der Maustaste.

Dazu ist folgender Nachteil zu betonen: wenn man den Mauszeiger zu schnell in den oberen Teil des Bildschirmes bewegt, wird das Pull-Down-Menü versehentlich angezeigt. Das Menü verschwindet, wenn man den Mauszeiger an eine Stelle außerhalb des Menüfeldes bewegt und die Maustaste klickt.

- **MS-Windows:** Der Benutzer zeigt auf den Überbegriff des Pull-Down-Menüs, und beim Drücken mit der linken Maustaste wird das Menü angezeigt. Die Maustaste muß gedrückt bleiben, wenn man den Mauszeiger über die Menüzeilen bewegt. Eine Zeile wird invers dargestellt, wenn der Cursor darüber bewegt wird. Die Funktion wird selektiert, wenn die Maustaste losgelassen wird. Es gibt für jedes Menü eine Menüleiste mit den Überbegriffen am oberen Rand eines Windows und am linken oberen Rand eine Menübox (Kästchen mit einigen Linien), die beim Anklicken ein allgemeines Menü aufblendet.

- **Star:** Das Aufblenden und Selektieren in einem Pull-Down-Menü ist analog zu MS-Windows. Es gibt am rechten oberen Bildschirmrand eine Menübox für das Desktop-Hilfsmenü, in dem man allgemeine Funktionen wie z.B. "Kopie auf Diskette", "Datum anzeigen" selektieren kann. In jedem Fenster findet man einen Menübereich, in dem man Funktionen anklicken kann, sowie eine Menübox, die ein Pull-Down-Menü enthält. Bemerkung: Nicht jedes Window beinhaltet eine Menübox.

Benutzungsnachteil für Star und MS-Windows: Zu frühes Auslassen der Maustaste oder Unachtsamkeit bedingt die Auswahl einer falschen Funktion. Diese Bedienungsfehler treten beim Selektieren wie z.B. Topview nicht so häufig auf.

- **Topview**: Im Gegensatz zu GEM, MS-Windows und Star, wo die Überbegriffe der Menüs am Bildschirm sichtbar sind, muß der Benutzer bei Topview zuerst ein Menü aufblenden und erhält erst dann die Überbegriffe von weiteren Menüs (Untermenüs). Wenn der Benutzer die rechte und linke Maustaste gleichzeitig drückt, wird das Pop-Up-Menü an der Stelle des Mauscursors aufgeblendet. Das Selektieren einer Funktion im Menü ist analog zu GEM: Die Kommandos, die gerade angeklickt werden können, sind markiert. Nach der Selektion wird bei bestimmten Kommandos ein Untermenü aufgeblendet, in dem man weitere Funktionen wählen kann.

- **Display Manager**: Der Display Manager unterstützt keine Menüs. Die Interaktion mit diesem System basiert auf die Funktionstasten und auf die Mauseingabe. Zur besseren Vorstellung zeigt Abbildung 4-10 eine Apollo-Domain-Tastatur. Die Funktionstasten entsprechen etwa den Menüs bei den Vergleichs-Desktop-Systemen. Die wichtigsten Funktionstasten sind extra angezeigt.

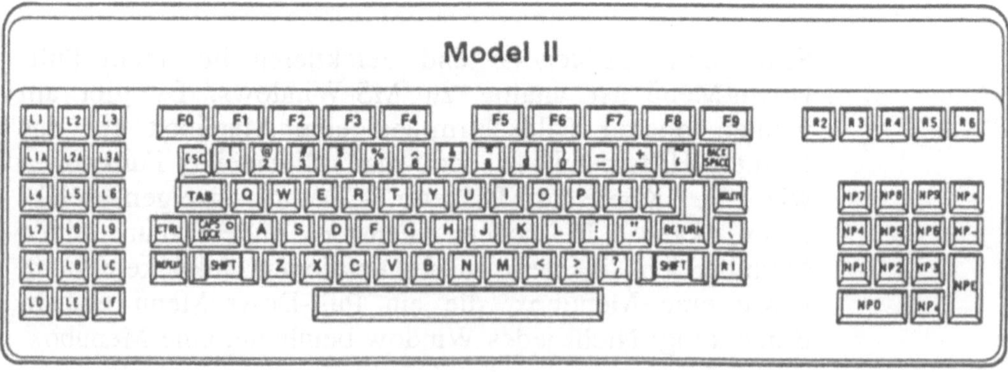

Abb. 4-10. Apollo-Funktionstasten

Benutzungsnachteil: Man ist ständig zwischen Maus und Tastatur hin und her gerissen. Der Benutzer kann sich nicht 100%ig auf seine eigentliche Aufgabe konzentrieren, sondern muß bei Display-Manager-Kommandos den Blick der Tastatur zuwenden, um die richtige Funktionstaste auszuwählen.

4.8.1.3. Selektion von Objekten

Durch die Selektion eines Objektes wird angezeigt, daß mit dem Objekt etwas geschehen soll.

GEM, Star und MS-Windows: Um ein Objekt zu selektieren, zeigt der Benutzer mit dem Mauszeiger darauf und drückt einmal auf den linken Mausknopf. Das selektierte Objekt wird darauf invertiert dargestellt. Der Benutzer erkennt auf diese Weise, ob das Klicken angenommen wurde.

Topview listet seine verfügbaren Objekte in einem Inhaltsverzeichnis "Start-a-Program" auf. Um ein Objekt zu selektieren, muß mit dem Mauscursor auf den entsprechenden Text gezeigt werden. Dieser wird dunkel dargestellt, ohne daß auf eine Maustaste gedrückt wird.

Mit dieser Methode kann der Anwender nur ein Objekt selektieren. Bei vielen Anwendungsmethoden ist es aber von Vorteil, mehrere Objekte selektieren zu können.

- Selektierrahmen: Dieser erscheint, wenn der Mauszeiger in die Nähe eines der auszuwählenden Objekte gestellt wird. Bei GEM muß man den Mausknopf gedrückt halten. Mit gedrückter Taste wird die Maus über die gewünschten Objekte bewegt. Dabei ist ein Rahmen sichtbar, der die Objekte überdeckt. Beim Loslassen der Maustaste werden die Objekte selektiert, die der Selektierrahmen einschließt (s. Abb. 4-11). Beim Star-System ist der Selektierrahmen durch gleichzeitiges Drücken von zwei Maustasten erhältlich. Die Benutzung ist analog zu GEM: Mit gedrückten Maustasten den Rahmen über die Objekte bewegen.

  Diese Methode ist günstig, wenn die gewünschten Objekte nebeneinander liegen.

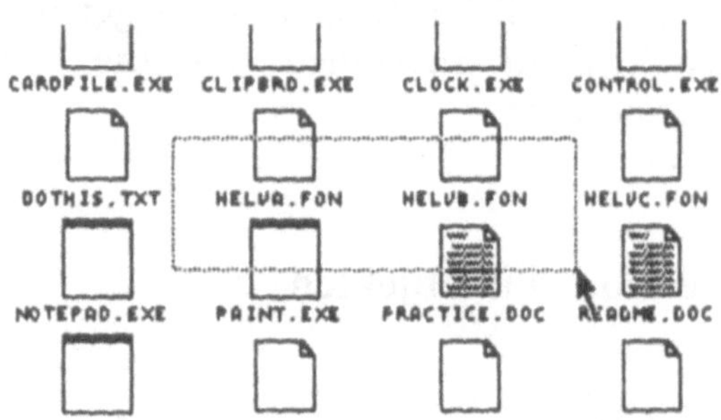

Abb. 4-11. GEM-Selektierrahmen

- GEM und MS-Windows: Mehrere Objekte werden mit gedrückter <Shift>-Taste angeklickt. Diese Methode ist besonders vorteilhaft, wenn die Objekte nicht nebeneinander liegen.

Der Display Manager bietet die "Selektion von Objekten" nicht direkt an. Er kümmert sich bekanntlich nur um die Anordnung der Windows am Bildschirm und nicht um deren Inhalte. Es ist aber

möglich, mit dem Display Kommando "ICON" das Window als
Ikone darzustellen. Wird der Mauscursor über die Window-Ikone
gestellt, wird die Ikone invertiert und damit selektiert. Das Selektieren eines Windows ist für einen Benutzer nicht sichtbar: Für den
Display Manager ist immer gerade jenes Window selektiert (obwohl
diese Selektion nicht angezeigt wird), über welchem sich der Mauscursor befindet.

4.8.1.4. Funktionsauswahl

Nachdem ein oder mehrere Objekte selektiert wurden, entscheidet
der Benutzer, welche Aktion geschehen soll, z.B. "Open-Window",
"Change Directory" oder "Copy". Funktionen werden aus Pull-
Down- bzw. Pop-Up-Menüs ausgewählt oder können direkt mit der
Maus ausgeführt werden.

Die Funktionsauswahl wird am Beispiel der Funktion "Open"
genauer erklärt:

Um "Open" schnell auszuführen, ist der Double-Click ein wichtiges
Hilfsmittel: Man zeigt mit dem Mauszeiger auf das Objekt und
klickt mit der linken Maustaste zweimal kurz hintereinander. Darauf
wird ein Window aufgeblendet.

Der Double-Click ist in Topview nicht möglich: Ein Window wird
geöffnet, wenn ein selektiertes Objekt im Inhaltsverzeichnis "Start-
a-Program" angeklickt wird. Das neue Window wird für manche
Objekte über den ganzen Bildschirm gelegt, kann aber mit der Win-
dowfunktion "Size" in die gewünschte Größe gebracht werden.

In GEM, Star und MS-Windows gibt es für die Funktion "Open"
neben dem Double-Click noch eine zweite Möglichkeit: Das Objekt
wird selektiert. Danach wird ein Menü aufgeblendet und die Funktion wird selektiert (beim Star wird die Funktion mit einer
Funktionstaste ausgelöst).

Mit dem Display Manager kann man nur die Ikonen von Windows sichtbar selektieren. Wird der Mauscursor verschoben und deckt sich nicht mehr mit der Ikone, wird das Window deselektiert. Auf die selektierte Ikone sind Display Manager-Funktionen anwendbar. Dasselbe gilt für die "selektierten" Windows!

4.8.2. Windowfunktionen

Objekte werden in GEM, MS-Windows und Star graphisch als Ikonen dargestellt. Den Informationsinhalt erhält der Anwender durch Öffnen von Windows: z.B. wenn man in GEM auf das Symbol der Diskette "Open" anwendet, wird ein Window geöffnet, in dem das Inhaltsverzeichnis der Diskette angezeigt wird. Der Display Manager öffnet die Windows mit dem 'Shell' Kommando.

In den Desktop-Anwendungen können Funktionen aus einem Menü ausgewählt werden und müssen nicht mehr mit der Tastatur eingegeben werden. Der Display Manager bietet diese Funktionalität leider nicht.

4.8.2.1. Gleichzeitiges Öffnen mehrerer Windows

Bei Desktop-Systemen ist es möglich, mehrere Windows gleichzeitig am Bildschirm zu öffnen. In GEM und Topview sowie beim Display Manager können sie sich beliebig überlappen, beim Star-System und in MS-Windows liegen sie nebeneinander.

In GEM und Topview ist immer ein Window im Vordergrund, für das alle Windowfunktionen verfügbar sind. In GEM ist es sehr einfach, ein anderes Window zu aktivieren: Das gewünschte Fenster im Hintergrund einmal anklicken. Darauf wird es in den Vordergrund gestellt.

Der Display Manager kennt im Gegensatz zu seinen Vergleichspartnern keinen Input-Focus für nur ein Window. Der Benutzer kann in jedes Fenster schreiben, vorausgesetzt der Cursor befindet sich innerhalb des Fensters. Beim ersten Tastendruck wird ein teilweise verdecktes Window in voller Größe ausgegeben. Zusätzlich ist die mittlere Maustaste für das Anzeigen von völlig verdeckten Windows reserviert.

In Topview ist dieser Vorgang komplizierter: im Pop-Up-Menü wird die Funktion "Switch" selektiert. Darauf wird ein zweites Menü aufgeblendet, das die zur Zeit geöffneten Windows anzeigt. Aus diesem Menü wählt man ein Window, das man im Vordergrund bearbeiten will. In MS-Windows und Star sind für jedes geöffnete Fenster die Funktionen verfügbar.

4.8.2.2. Bedienstrategien für Windows

Um ein Window zu vergrößern, zu verkleinern oder zu verschieben, sind an den Windowrändern eigene Funktionsboxen vorgesehen.

- **GEM:** Um ein Window zu verschieben, klickt der Benutzer die Funktionsbox an und verschiebt mit gedrückter Maustaste das Window in die gewünschte Richtung. Als Hilfe wird ein Rahmen (*Ghost-Frame*) mitbewegt, der die gleichen Abmessungen wie das Window hat. Ausgewählt wird durch Loslassen der Taste.

  Ein weiteres Hilfsmittel ist das *Rubberband*, eine Art Ghost-Frame. Dieser ist beim Vergrößern bzw. Verkleinern eines Windows sichtbar. Entsprechend der Mausbewegung ändert das Rubberband seine Größe. Ein Ghost-Frame- und Rubberband-Beispiel wird in Abbildung 4-12 gezeigt:

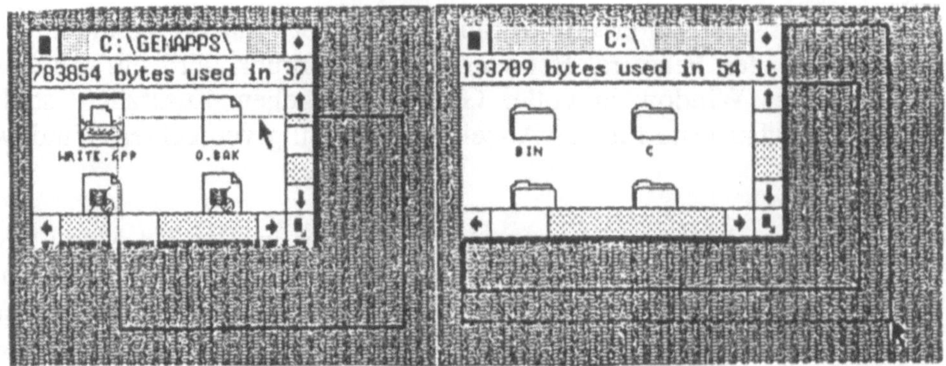

Abb. 4-12. Beispiel für einen Ghost-Frame und ein Rubberband

- **MS-Windows:** Die Bedienstrategie ist hier nicht ganz einheitlich:

  - In einem Pull-Down-Menü wird die gewünschte Funktion selektiert. Die Cursorgestalt ändert sich, und beim Bewegen der Maus kann der Benutzer die Ausführung der Aktion verfolgen: z.B. bei der Funktion "Move" bewegt sich die Ikone mit, wenn man die Maus verschiebt; bei der Funktion "Size" sieht man einen Ghost-Frame, der die zukünftige Windowgröße anzeigt. Beim Klicken wird die Aktion durchgeführt.

  - Die Aktionen können auch durch Anklicken von Funktionsboxen am oberen Windowrand ausgewählt werden. Die Aktion wird ausgeführt, indem man die Maus mit gedrückter Taste bewegt. Bei der Funktion "Size" ist auch hier ein Ghost-Frame sichtbar. Durch Loslassen der Maustaste wird die Aktion durchgeführt.

- **Star:** Der Benutzer klickt die Funktionsbox am oberen Windowrand, z.B. für die Funktion "Size", an. Die Funktion ist damit ausgewählt. Für die Ausführung muß man eine Funktionstaste drücken. In diesem Beispiel ist das die Funktionstaste "Übertragen". Jetzt kann man den Windowrand nach oben bzw. unten verschieben. Es gibt auch hier zwei Möglichkeiten:

- Mausverschieben ohne gedrückte Maustaste: Der Benutzer sieht nur den Mauscursor. Beim Klicken wird das Window je nach Cursorstellung vergrößert bzw. verkleinert.

- Die Maustaste bleibt beim Mausverschieben gedrückt. Ein Windowrahmen wird mitbewegt. Beim Loslassen der Taste wird selektiert. Durch diese Methode wird dem Benutzer ermöglicht, die genaue Windowgröße auszuwählen.

- **Topview:** Für Windowfunktionen gibt es keine Funktionsboxen. Der Benutzer muß beide Maustasten gleichzeitig drücken, damit das Pop-Up-Menü an der Cursorposition aufgeblendet wird. Die gewünschte Funktion muß man im erhaltenen Menü anklicken. Für die Windowfunktionen gibt es ein Untermenü, in dem man Funktionen z.B. für Vergrößern und Verschieben auswählen kann. Wenn man eine dieser Funktionen anklickt, erhält man einen besonderen Bedienmodus. Der Mauscursor verschwindet, und mit dem Bewegen der Maus wird die gewählte Funktion am Window ausgeführt. Beenden der Funktion und damit Aussteigen aus dem Modus geschieht durch das Drücken der rechten Taste.

Bemerkung: Diese Beschreibung für Topview bezieht sich auf eine Maus mit zwei Funktionstasten.

- **Display Manager:** Die Windowränder sind nur Begrenzungen, sie beinhalten keine Windowfunktionen. Um Windows am Bildschirm zu bewegen, ist folgende Bedienphilosophie einzuhalten:

(1) Der Mauscursor soll in das Window bewegt werden, in dem die Display Manager-Funktion ausgewählt werden soll.
(2) Das Display Manager-Kommando wird aktiviert.

Es gibt weiters drei Möglichkeiten, ein Display Manager-Kommando auszuwählen:

- Die Funktionstaste <CMD> wird gedrückt. Der Cursor wird daraufhin automatisch in das Display Manager-Eingabewindow gestellt, wo das Kommando eingegeben werden kann. Der Benutzer kann den Cursor auch mit der Maus in das Display Manager-Eingabewindow bewegen, was gleichbedeutend mit Drücken von <CMD> ist.
- Die einfachste Möglichkeit ist das Drücken einer vordefinierten Funktionstaste.
- Eingabe einer Control Key Sequence. <CTRL> N entspricht der Funktionstaste "ABORT".

Für die Funktion "Size" (entspricht beim Display Manager "GROW") ist die linke Maustaste vorgesehen. Wenn diese gedrückt wird, wird sofort ein Rubberband des Windows, über dem der Cursor steht, sichtbar. Die Taste darf beim Mausverschieben nicht losgelassen werden. Nach Loslassen der Maustaste wird das Window in der neuen Größe dargestellt. Ein häufiger Bedienungsfehler ist, die Size-Taste ungewollt zu drücken, wenn der Benutzer mit der mittleren Maustaste ein Window in den Vordergrund stellen will und dafür die linke Maustaste drückt.

Für "Move" muß die Funktionstaste <MOVE> verwendet werden. Nach Drücken dieser Taste befindet man sich im Move-Modus. Ein Ghost-Frame des Windows wird sichtbar. Wenn jetzt die Maus verschoben wird, bewegt sich der Ghost-Frame mit. Wenn die linke Maustaste einmal gedrückt wird, wird der Move-Modus abgeschlossen, und das Window an seiner neuen Position angezeigt. Wem das Drücken der Funktionstaste zu umständlich ist, kann die Aktion Move auch durch die Funktion "Size" erreichen, indem Size mehrmals hintereinander ausgeführt wird (mit dem Nachteil, daß die ursprüngliche Windowgröße nicht mehr ganz erreicht wird).

4.8.3. Allgemeine Strategien

4.8.3.1. GEM

Ein Objekt wird selektiert, wenn es mit der Maus angeklickt wird. Für dieses selektierte Objekt wird eine Funktion aus einem Pull-Down-Menü ausgewählt. Eine zweite Möglichkeit, eine Funktion auszuführen, ist, das Objekt bei gedrückter Maustaste am Bildschirm zu verschieben. Dabei bewegt sich ein Rahmen ("Ghost-Frame") mit und zeigt an, wo das Objekt positioniert ist, wenn die Taste losgelassen wird.

Diese allgemeine Bedienstrategie wird eingehalten mit der Ausnahme der Pull-Down-Menüs, die aufgeblendet werden, wenn sie vom Mauscursor berührt werden. Ein unerwünschtes Anzeigen könnte durch Anklicken der Überbegriffe vermieden werden.

Vorteilhaft ist, daß nur die linke Maustaste verwendet wird: Der Benutzer erspart sich Überlegungen, welche Taste er für eine bestimmte Funktion drücken muß.

Wie in Kapitel 4.3. bereits angedeutet worden ist, wurde GEM-Desktop in seinem äußeren Layout und in der Bedienphilosophic geändert. Es gibt nur mehr maximal zwei Desktop-Windows, die sich nicht mehr überlappen können. Ein Vorteil dieser neuen Version ist, daß für den Benutzer die Übersicht gewahrt bleibt. Die Beschränkung auf zwei Windows ist nicht störend, da für das Arbeiten mit dem Filesystem nicht mehr benötigt werden. Das zweite Window wird dann verwendet, wenn die Angabe von "Zielobjekten" nach Selektion von "Sourceobjekten" und Funktionsselektion notwendig ist. Beim Kopieren von einem oder mehreren Objekten muß z.B. ein Zieldirectory angegeben werden. Ein Verlust für GEM-Desktop ist sicher die Abschaffung des Papierkorbsymbols und damit das Löschen von Files, indem man sie "in den Papierkorb wirft". Statt dessen muß der Benutzer die Funktion "Delete" in einem Pull-Down-Menü anwählen.

4.8.3.2. MS-Windows

Die allgemeine Bedienstrategie ist ähnlich GEM: Ein Objekt wird
durch Anklicken selektiert (z.B. in einem Directory: Ein Window
wird durch den Double-Click oder durch Selektieren des Objektes
und anschließendes Auswählen der Aktion "Open" im Pull-Down-
Menü geöffnet). Am unteren Rand des Bildschirmes werden die
Ikonen der Objekte angezeigt, die zu dieser Zeit nicht verwendet
werden.

Wenn man ein Objekt verschiebt, bzw. seine Größe verändert, oder
das Objekt durch die Funktion "Move" mit einem anderen Objekt
vertauscht, ist an Stelle des Mauscursors eine bestimmte Ikone zu
sehen. Die Funktion "Move" ist für einen Anwender sehr verwirrend, weil sie die Aktion "vertausche zwei Objekte" ausführt. Es
gibt zwei Möglichkeiten, Objekte am Bildschirm zu bewegen:

- Objekte werden verschoben, wenn die Maustaste beim
  Bewegen gedrückt ist. Beim Loslassen wird die Aktion
  durchgeführt.
- Der Benutzer selektiert für das Objekt die Funktion aus
  einem Pull-Down-Menü. Wenn er die Maus ohne Tastendruck bewegt, wird das Objekt verschoben, sobald der
  Benutzer die Maustaste einmal drückt, wird die Funktion
  durchgeführt.

Durch die uneinheitliche Bedienphilosophie wird ein ungeübter
Benutzer möglicherweise verwirrt. Der Anwender wird bei seinen
Arbeiten eine einheitliche Bedienstrategie bevorzugen, auch wenn
sie eventuell umständlicher auszuführen ist.

4.8.3.3. Star

Neben der Maus gibt es hier Funktionstasten (Löschen, Kopieren, Übertragen und Öffnen). Das Objekt wird selektiert (analog zu GEM und MS-Windows), und zum Ausführen einer Aktion muß eine Funktionstaste gedrückt werden, z.B. "Übertragen". Die Cursorgestalt ändert sich. Durch Verschieben der Maus bestimmt der Benutzer die neue Position des Objektes. Beim Klicken wird das Objekt an die Stelle des Mauscursors plaziert.

Das Drücken von Funktionstasten kann stören: Wenn der Benutzer nur mit der Maus eingibt, konzentriert er sich ausschließlich auf den Bildschirm. Beim Drücken einer Tastaturfunktion muß der Anwender die spezielle Taste auf der Tastatur suchen und ist somit abgelenkt.

Für einen geübten Benutzer hingegen können die Funktionstasten von Vorteil sein, weil er den Mauscursor nicht zu verschieben braucht, um die Funktion anzuklicken.

4.8.3.4. Topview

Jede Funktion ist aus einem Pop-Up-Menü erhältlich. Dieses wird aufgeblendet, wenn beide Maustasten gleichzeitig gedrückt werden. Aus diesem Menü wird mit der linken Taste eine Funktion selektiert. Sie wird nach Auswahl entweder gleich durchgeführt, oder man erhält einen speziellen Modus, in dem der Benutzer die Aktion durchführt. Durch das Drücken der rechten Maustaste wird die Ausführung der Funktion beendet.

Um Topview schnell benutzen zu können, braucht der Anwender Übung. Im Vergleich zu GEM, wo nur die linke Taste geklickt wird, gibt es in Topview drei verschiedene Arten des Klickens:
-     beide Maustasten drücken für das Menü
-     linke Maustaste für die Selektion einer Funktion drücken
-     rechte Maustaste für das Abschließen einer Funktion drücken

Die Bedienungsnachteile von Topview werden in der neuen
alphanumerischen Desktop-Anwendung **DESQview** (Quarterdeck)
verbessert:

(1) Die Mausbenutzung wird einfacher: Es werden in
    DESQview nur zwei Tasten verwendet. Die linke Maus-
    taste wird zum Selektieren und Beenden einer Funktion
    verwendet, die rechte Taste für das Menü: Das
    DESQview-Menü wird aufgeblendet, wenn die rechte
    Maustaste gedrückt wird. Ein weiterer Vorteil ist, daß jede
    Funktion auch über die Tastatur eingegeben werden kann.
    Für einen geübten Benutzer ist so schnelleres Arbeiten
    möglich.

(2) Das Menü wird immer im rechten oberen Teil des
    Bildschirmes aufgeblendet. Windowfunktionen werden
    wie in Topview in einem Untermenü angezeigt. Wählt
    man in DESQview z.B. die Funktion "Size" oder "Move",
    so erhält man wie in Topview einen eigenen Bedienmodus
    für Size bzw. Move. Das Menü bleibt angezeigt, im
    Gegensatz zu Topview, wo das Menü nicht sichtbar ist.
    Auf diese Weise ist dem Benutzer immer bekannt, in wel-
    chen Bedienmodus er sich befindet.

(3) Für die Windowfunktionen "Move" und "Size" gibt es
    neben der Auswahl durch Menü und über Tastatur eine
    weitere Möglichkeit: Der Benutzer klickt den Windowrah-
    men an (oberer Rand für Move, unterer für Size). Der
    Benutzer befindet sich gleich im entsprechendem Bedien-
    modus und das entsprechende Menü wird aufgeblendet. Er
    verschiebt das Window bzw. verändert die Größe, wenn
    er die Maus bewegt, und beendet die Aktion, indem er die
    linke Maustaste antippt.

(4) Wenn mehrere Windows am Bildschirm geöffnet sind,
    kann man in Topview mit der Funktion "Switch" ein Hin-
    tergrundwindow in den Vordergrund stellen. In DESQview
    bringt man ein Window wie in GEM in den Vordergrund:
    Das Hintergrundwindow wird angeklickt.

4.8.3.5. Display Manager

Der Display Manager bietet zwar eine Benutzerschnittstelle mit Windowtechnik, bei der man seine Windows wie auf einem Schreibtisch die verschiedenen Unterlagen anordnen kann, aber für schnelles und effizientes Arbeiten ist einige Übung erforderlich. Der Benutzer muß sich mit den Funktionstasten beschäftigen, diese auf der Tastatur suchen oder selbst belegen. Für erfahrene Benutzer, die von sich aus Desktop-Systeme ablehnen, ist der Display Manager ein angenehmer Kompromiß zwischen kommandoorientiertem System und Desktop-System.

Die Bedienphilosophie ist einheitlich. Die häufigsten Window-Funktionen sind auf die Maustasten gelegt: "Size", "Pop" (damit kann ein überdecktes Window vollständig angezeigt werden), und "Create View" (Lesen eines Files). Will der Benutzer andere Funktionen mit den Maustasten bewirken, steht es ihm frei, die Maustasten nach seinem Geschmack neu zu belegen.

Der Display Manager würde sicher mit einem Desktop-System, bei dem auch die Shell-Eingaben in den Windows objektorientiert behandelt werden, sehr bereichert werden, wenn sowohl in der UNIX-Umgebung als auch in der AEGIS-Umgebung dieselbe Bedienstrategie verfolgt werden kann.

4.9. Allgemeines

Man sieht, daß die Desktop-Systeme alle sehr verschieden sind und
der Vergleich sicher noch mehr Seiten füllen könnte. Es ist auch
sehr schwer zu beurteilen, welches System das beste oder
schlechteste ist. Eine solche Bewertung ist außerdem eine sehr subjektive Meinung eines jeden Benutzers.

Aus diesen Gründen ist noch keine Normung in Sicht, aber es gibt
schon einige Richtlinien für die Realisierung von Desktop-Systemen,
die in Kapitel 5.8. unter dem Schlagwort "Standardisierung" und in
Kapitel 6. genauer behandelt werden.

Vor diesem Kapitel wird Kapitel 5. "Das X Window System"
eingeschoben, das auf Grund seiner Verbreitung nicht zu kurz kommen sollte.

5. Das X Window System

5.1. Einleitung

Das X Window System, das in der Literatur auch mit X Version 11, X11 oder einfach mit X zu finden ist, ist von MIT (Project Athena) und DEC seit 1984 entwickelt worden. Auf einem Institut sollten mehrere Workstations in einem Netzwerk miteinander verbunden werden. Der Quellcode steht als "Public Domain Software" jedem Interessenten zur Verfügung. Damit steht einer weiten Verbreitung nichts im Wege. Die X Version 11 der Entwicklung ist die erste offizielle Release, die in der Softwareentwicklung bereits eingesetzt ist.

Das X Window System ist eine Schnittstelle für graphische Bildschirme, und bietet auf diesen eine schnelle und geräte-unabhängige Graphik. Parallel laufende Anwendungen können gleichzeitig auf einem Ausgabegerät ausgeben. Im Netzwerk ist es möglich, daß Applikationen von verschiedenen Rechnern auf einem Bildschirm ausgeben.

In einer Mehr-Prozeß-Umgebung wie UNIX erreicht ein Desktop-System eine große Verbesserung des Benutzerkomforts. Ohne Desktop-System kann ein Benutzer mit nur einer Anwendung im Vordergrund kommunizieren: d.h. eine im Vordergrund laufende Anwendung hat das Ausgabegerät für sich zur Verfügung. Parallele Anwendungen müssen in den Hintergrund "verbannt" werden. Liefern die Hintergrundapplikationen Bildschirmausgaben, kann es sein, daß diese einfach auf den Bildschirm geschrieben werden, ungeachtet der Tatsache, daß die Vordergrund-Anwendung ebenfalls auf dem Bildschirm ausgibt. Ein Dialog mit Hintergrundprozessen ist nicht möglich. Im X Window System kann jetzt jede Anwendung in einem separaten Fenster ablaufen, und ein Dialog mit jeder

Anwendung ist dabei möglich. Es wird alles in einem Window bearbeitet, das früher den ganzen Bildschirm benötigt hat.

Mit Hilfe von Terminal Emulatoren können auch alle herkömmlichen Anwendungen in einem Window ablaufen. Diese Terminal Emulatoren bilden die Eigenschaften eines herkömmlichen Bildschirmes nach.

Das X Window System unterscheidet zwei grundlegende Prozesse:
- **Client**: Eine Anwendung, die mit den Funktionen von X entwickelt worden ist, wird in X Terminologie Client genannt.
- **Server**: Dieser verwaltet die Ausgabegerät-Ressourcen.

Ein Client muß mit mindestens einem Server in Verbindung stehen, um Benutzereingaben zu erhalten und auf einem Bildschirm ausgeben zu können. Client und Server können auf verschiedenen Rechnern laufen, die im Netz miteinander verbunden sind.

Das X Window System unterstützt, wie die File-Struktur von UNIX, hierarchischen Aufbau. Ausgehend vom "Root-Window" gibt es beliebig viele "Child-Windows", die am Bildschirm überlappend angeordnet sein können.

Mit dem X Window System ist kein bestimmtes Layout von Windows oder Menüs vorbestimmt. Das System alleine ist noch kein Desktop-System, aber mit seinen Schnittstellen hat man jede Möglichkeit, ein Desktop-System zu implementieren. Ein Benutzer arbeitet nicht direkt mit dem X Window System, sondern mit einer Anwendung (Client), die mit den Schnittstellen von X realisiert worden ist.

Eine der wichtigsten Eigenschaften sind die Netzwerkfähigkeit und die Geräteunabhängigkeit. Damit ist das X Window System nicht an eine bestimmte Hardware gebunden. X Applikationen sind überall dort ablaufbar, wo ein X-Server installiert ist. Mehrere Clients (Anwenderprogramme) können Verbindung zum Server aufbauen, der die Kommunikation mit dem Ausgabegerät und den Eingabegeräten kontrolliert. Durch die Netzwerkfähigkeit ist folgende Situation denkbar: Mehrere Anwender arbeiten auf einem Mehrbenutzersystem und haben zusätzlich je eine Workstation zur Verfügung, die den Hauptrechner (z.B. VAX 11/750) über ein lokales Netzwerk erreicht. Mit dieser Konfiguration ist es möglich, eine Applikation am Hauptrechner ablaufen zu lassen und die graphische Interaktion mit dieser Applikation auf der Workstation durchzuführen.

Das X Window System hat bereits große Verbreitung gefunden. Dazu einige Beispiele: Es wird auf den Apollo und Sun Workstations bereits verwendet. Weitere Hersteller wie Digital Equipment und Hewlett-Packard haben X auf ihren UNIX Betriebssystemen installiert. ANSI's Technical Committee on Computer Graphics Standards (X3H3) wird das X Window System als Standard in Betracht ziehen.

Wegen der Bedeutung des Systems beschäftigen sich die folgenden Kapitel mit den einzelnen Elementen des X Window Systems.

5.2. Der X-Server

5.2.1. Aufgabe des X-Servers

Für jedes physikalische Ausgabegerät gibt es eine lokale Steuerung, den Server. Er ist das Verbindungstück der Kommunikation einer Applikation (Client) mit den System Ressourcen wie Tastatur, Bildschirm und Maus. Die Clients können auch Verbindung zu mehreren Servern auf verschiedenen Rechnern, die im Netz miteinander verbunden sind, aufbauen. Ein Server übernimmt die Aufgabe, die "Aufträge" der Clients am Ausgabegerät (Device) darzustellen und für die Applikationen die Tastatur- und Mauseingaben entgegenzunehmen.

Ein einzelner Server kontrolliert ein Zeigegerät, eine Tastatur und einen oder mehrere Screens (Bildschirme):

- Zeigegerät:
  Damit wird die Position des Cursors am Bildschirm kontrolliert. Meistens wird eine Maus verwendet, aber auch Joystick, Trackball und andere Zeigegeräte sind denkbar.

- Tastatur:

  Mit der Tastatur werden die Eingaben durchgeführt, die nicht mit dem Zeigegerät eingegeben werden können. Die Tastatureingabe wird in dem Window akzeptiert, in dem sich der Cursor gerade befindet.

- Screen:

  Ein "Screen" ist ein Bereich, in dem X-Applikationen ausgeben. Ein Screen bezieht sich auf einen oder mehrere Bildschirme. Auf einem Bildschirm können mehrere sich überlappende Windows ausgegeben werden. In den meisten Fällen wird nur ein Bildschirm verwendet.

5.2.2. Funktion des X-Servers

Durch die klare Trennung der Aufgaben eines X Desktop-Systems in Client und Server werden die Applikationen unabhängig von der Hardware. Clients können ohne Änderung auf verschiedenen Ausgabegeräten, auf denen ein Server installiert ist, ausgeben.

Abbildung 5-1 zeigt ein Beispiel, in dem 4 Rechner in einem Netzwerk miteinander verbunden sind.

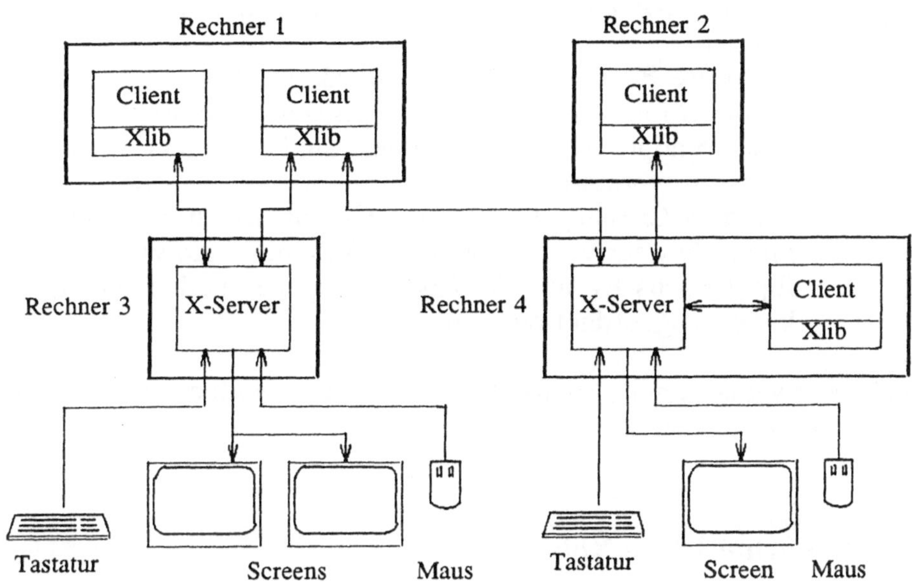

Abb. 5-1. Client-Server-Beziehungen auf 4 Rechnern

Im Netzwerk kann eine Applikation zu einem beliebigen Server Verbindung aufnehmen. Als Folge dieser Tatsache können mehrere Applikationen von verschiedenen Knoten auf demselben Bildschirm ausgeben. Die Interprozeßkommunikation zwischen Client und Server läuft wie folgt ab: Die Applikation fordert eine bestimmte Aufgabe ("Request Service"), indem sie eine Funktion von Xlib aufruft. Diese "Library Routine" bearbeitet die Anforderung, ergänzt eventuell fehlende Parameter, und schickt die modifizierte Anforderung ("Request Package") weiter an den Server.

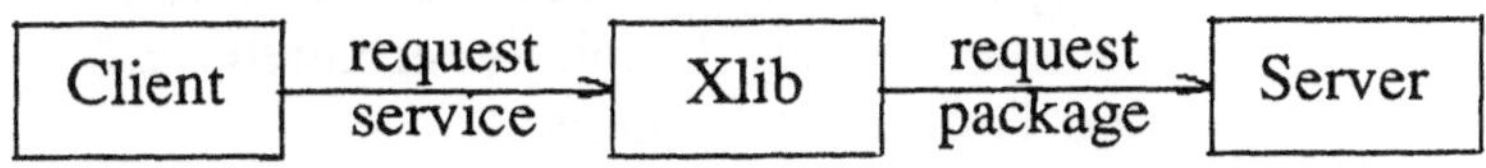

Abb. 5-2. Anforderung eines Clients an den Server

Der X-Server muß auf die eintreffenden Events reagieren. Wenn mehrere Events gleichzeitig auftreten, werden sie in eine Event-Queue gereiht, die der Server verwaltet. Applikationen erhalten ihre Eingaben nicht über die üblichen C-Funktionen, sondern müssen die erhaltenen Events richtig interpretieren. Die wichtigsten Events sind:

- Keyboard-Event (eine Taste ist gedrückt bzw. losgelassen worden)
- Exposure-Event (Redraw - Aufforderung)
- Pointer-Motion-Event (das Zeigegerät ist bewegt worden, bzw. Knöpfe des Zeigegerätes sind gedrückt oder losgelassen worden)
- Window-Crossing-Event (der Cursor ist in ein Window hinein bewegt worden oder verläßt ein Window)
- Input-Focus-Event (die Tastatureingabe wird einer Applikation zugeordnet oder entzogen)

Welche Events einer Applikation mitgeteilt werden, ist in einer Event-Maske festgelegt.

5.3. Die Schnittstelle Xlib

Die X Library ist eine Programmschnittstelle mit einfachen Graphik-Funktionen. Xlib enthält die grundlegend nötigen Funktionen des X Window Systems. Damit ist die Gestaltung der Benutzeroberfläche frei definierbar. Xlib hat eine Schnittstelle zur Programmiersprache C.

Xlib beinhaltet alle Funktionen, die für die Entwicklung von Desktop-Systemen nötig sind. Es kann grob folgende Einteilung getroffen werden:

- Funktionen zur Verwaltung des Displays:
  Damit wird die Verbindung einer Applikation zum Server auf- bzw. abgebaut. Nach Verbindungsaufbau kann man Information über die Parameter des Displays erhalten, z.B. Anzahl und Größe der Screens.
- Funktionen für die Manipulation von Windows:
  Windows werden zuerst "erzeugt" und dann mit weiteren Funktionen sichtbar gemacht. Dadurch kann vor Anzeigen der Windows eine ganze Fensterhierarchie aufgebaut werden. Weitere Funktionen verwalten die Größe, Position und Lage der Windows.

- Graphische Ressourcen und Funktionen:
  Damit wird die Zuordnung der Pixelwerte in einer Datenstruktur manipuliert. Weiters stehen Funktionen zum Zeichnen von graphischen Objekten und zur Behandlung von Text und Fonts zur Verfügung.
- Funktionen zur Kontrolle der Eingabe (Window Manager Functions):
  Das sind Funktionen zur Fensterverwaltung. Ein Window Manager wird vom Basissystem nicht angeboten. Deshalb ist jede Applikation für das Geschehen am Bildschirm selbst verantwortlich. Xlib bietet eine Anzahl von Funktionen, die zur Realisierung der Window Manager Aufgaben notwendig sind.
- Event-Handling Funktionen:
  Das sind alle Funktionen zur Verwaltung der auftretenden Events, um diese zu senden bzw. zu empfangen, um die Event-Queue zu verwalten und um Events, die eine Fehlermeldung bedeuten, zu bearbeiten.
- Dienstfunktionen (Application Utility Functions):
  Das sind Funktionen zur Behandlung von Tastatureingaben, Lesen von Benutzereinstellungen aus dem File .Xdefaults und zur Behandlung von Cut-and-Paste Buffern, um einige zu nennen.

5.4. Clients des X Window Systems

Die Implementierung von Clients ist relativ aufwendig. Durch die Verwaltung von Windows, Verbindungsaufnahme zum Server oder die Verwaltung der Events erhält die Entwicklung einer Applikation erheblichen Mehraufwand. Am Beispiel des X Window Systems werden Desktop-Systeme in diesem Buch auch aus der Sicht des Implementierens beleuchtet.

Folgende Reihenfolge der X-Funktionen soll bei jeder Applikation
eingehalten werden:

(1) Verbindungsaufnahme zum Server mit *XOpenDisplay*.
(2) Kreieren der Windows mit *XCreateWindow* bzw.
     XCreateSimpleWindow.
(3) Informationen über Windows und Displays.
(4) Standard Properties für den Window Manager setzen.
(5) Windows auch wirklich am Bildschirm aufblenden mit
     XMapWindow.
(6) Text bzw. Graphik ins Window ausgeben.
(7) Eintreffende Events behandeln z.B. das Exposure-Event.

An der Spitze eines jeden Source-Files sind die Include-Files des X
Window Systems und die für den Client nötigen Datendefinitionen
angegeben. Alle weiteren Punkte sind in der oben angegebenen
Reihenfolge zu implementieren.

Verbindungsaufnahme zum Server:

Mit
display = XOpenDisplay(display_name)
wird die Verbindung vom Client zum Server aufgebaut. Damit ist
der Zugriff auf eine Datenstruktur, die die Information des Servers
und der Screens beinhaltet, sichergestellt. Es stehen dazu einige
Funktionen zur Verfügung, die Information über den Server liefern
(z.B. *ScreenCount(display)* liefert die Anzahl der Screens eines
Displays).

Definieren von Windows:

Beim Erzeugen eines Windows ist es günstig, die Größe des Screens
miteinzubeziehen (damit verändern sich die Proportionen des Win-
dowlayouts auf verschiedenen Ausgabegeräten nicht). Dazu stehen
die Funktionen *DisplayWidth(display,screen)* und *Display-
Height(display,screen)* bzw. als Alternative der Aufruf *XGetWindow-
Attributes* zur Verfügung.

Properties für den Window Manager setzen:

Bevor das Window am Bildschirm angezeigt werden darf, erhält der
Window Manager Nachricht von der Existenz dieses neuen

Windows. Minimal muß angegeben werden:
- Window-Name
- Name der Ikone
- Struktur der Ikone (Pixmap)
- Kommandoangabe für Shell
- Anzahl der Argumente für Shell-Kommando
- Angabe der Window-Größe und "Hints"

Mit *XSetStandardProperties* und Angabe der eben aufgezählten Parameter werden die Properties dem Window Manager bekanntgegeben.

Aufblenden des Windows

Mit *XMapWindow* wird ein Window am Bildschirm angezeigt. Wenn andere Windows bereits aufgeblendet sind, werden sie vom neuen überdeckt.

Verwalten der Benutzereingaben

Die bisher gesetzten Aktionen dienen nur dem Öffnen eines Windows. Der Anwendungsprogrammierer muß mit der Funktion *XSelectInput* genau die Events angeben, die von der Anwendung erwartet werden. Alle anderen Events werden ignoriert.

Das Kernstück eines Clients ist die Auswertung der eintreffenden Events. Wird z.B. ein verdeckter Teil eines Windows des Clients von einem anderen Client wieder aufgedeckt, bekommt der Client ein Exposure-Event. Ein anderes Beispiel ist das Drücken einer Keyboard Taste. Die Applikation erhält ein Keyboard-Event, über den auch die gedrückte Taste zu erhalten ist. Die Warteschleife überprüft auch, ob die Abbruchbedingung erreicht worden ist, z.B. die Taste "q" für Quit gedrückt worden ist.

Aus der Beschreibung erkennt man, daß sich eine Applikation neben ihrer eigentlichen Aufgabe auch um das Bildschirmlayout kümmern muß. Wünschenswert ist, daß sich ein Anwendungsprogrammierer nicht um Windows und das Bildschirmlayout kümmern muß. Dieser Tatsache wird im Kapitel 6. noch genauer nachgegangen.

5.5. Windows des X Window Systems

Die Windows werden auf einem Screen ausgegeben. Sie bilden auf einem Bildschirm eine Hierarchie. An der Spitze steht das **Root Window**. Es überdeckt den ganzen Bildschirm und kann beliebig viele "Kinder"(**Child-Windows**) beinhalten. Windows sind im Normalfall undurchsichtig (opaque), können aber auch transparent sein. Undurchsichtige Fenster enthalten eine Hintergrundfarbe und ein Hintergrundmuster.

Child-Windows überdecken ganz oder teilweise das dazugehörige "Vater" (Parent) Window. "Geschwister Windows" dürfen sich beliebig überlappen, Child-Windows müssen sich auf die Grenzen des Parent Windows beschränken.

Ein Beispiel einer Window-Hierarchie sieht man in Abbildung 5-3:

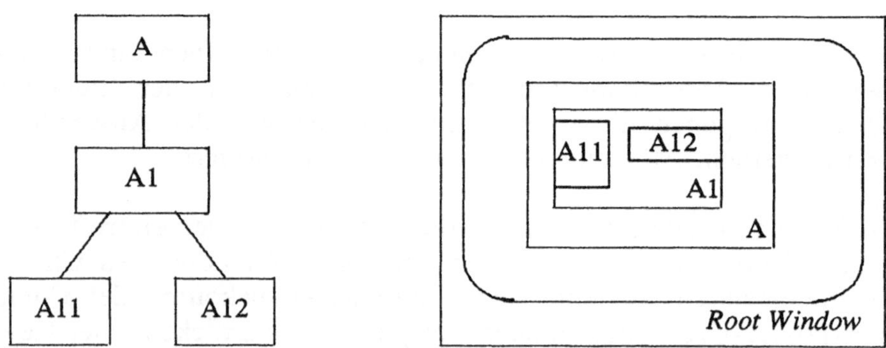

Abb. 5-3. Window-Hierarchie

Hervorzuheben sind die *Window Properties*:
Das sind Eigenschaften eines Fensters, die einen Namen, einen Typ, ein Datenformat und die eigentlichen Daten enthalten. Sie dienen dem Informationsaustausch von Clients. Properties werden nicht vom X-Server interpretiert. Beispiele einer Verwendung von Properties sind
- die Realisierung von Cut-and-Paste-Puffern,
- der Informationsaustausch mit einem Window Manager.

5.6. Der Window Manager

5.6.1. Allgemeines

Für den Inhalt von Windows ist die Applikation verantwortlich. Der Server kümmert sich nur um den Hintergrund und die Hintergrundfarbe des Windows, wenn dieses z.B. freigelegt wird.

Das X Window System beinhaltet einen Standard Window Manager (uwm), der aber im Prinzip nur die Aufgaben übernimmt, die ihm von der Applikation aufgetragen werden. Um das Window Management zu erweitern, gibt es zahlreiche Window Manager Funktionen. Damit ist es egal, für welche Window Manager Strategie sich ein Anwendungsprogammierer entscheidet. Ein Window Manager ist beim X Window System eine eigene Applikation, die Clients Bildschirmverwaltungsaufgaben abnimmt. X11 bietet den "uwm" und den "wm" als bereits realisierte Window Manager an.

Eine X Applikation gibt dem Window Manager bestimmte "Anleitungen" (**Hints**) für die Window Manager Strategie. Der Window Manager kann diese Anforderungen berücksichtigen, aber auch an seine eigene Strategie anpassen. Die Anwendung erhält beim erstmaligen Auftreten des Exposure-Events die Information über die genaue Lage des Windows. Angegeben werden müssen die *Standard Properties* mit den *Size Hints*. Die *Window Manager Hints* können auf Wunsch des Anwendungsprogrammierers für den Window Manager angegeben werden:

- Die Standard Properties beinhalten:
    - Window-Name
    - Icon-Name
    - Icon-Pixmap (Datenstruktur zum Anzeigen der Ikone)
    - Shell-Kommando (damit wird der Window Manager berechtigt, selbständig Programme beim Ein- bzw. Ausloggen zu starten)
    - Window-Größe Anforderungen (diese werden durch die Size Hints realisiert)

- Window Manager Hints:
    - Input-Focus-Modell: entscheidet, ob die Applika-
      tion den Input-Focus ihrer Child-Windows
      unabhängig vom Window Manager verwaltet.
    - Initialisierungszustand des Windows: gibt an ob
      es als Ikone oder als Window beim erstmaligen
      Anzeigen am Bildschirm erscheint.
    - Informationen über die Ikone.

Die "Hints" werden bei der Definition eines Windows dem Window
Manager mitgeteilt. Auf diese Weise erhält er die Informationen
über das Window. Er paßt die Anforderungen der Applikation seiner
Window Layout Policy an und gibt die modifizierte Anforderung an
den Server weiter. Der Window Manager benötigt zur Realisierung
seiner Strategie zusätzlich zu den Properties die Information über die
Window-Hierarchie.

Die Kommunikation zwischen Window Manager und Clients basiert
auf dem Senden von "Events". Will irgendeine Anwendung die
Größe eines Windows einer anderen Anwendung verändern, erhält
diese Anwendung ein Event mit der Information über diese
Änderung der Windowgröße.

5.6.2. Bedienphilosophie von X11

An dieser Stelle soll erwähnt werden, wie sich das X Window System nach seiner Installation einem Benutzer präsentiert. Aus der
UNIX-Shell muß zuerst der Server für das jeweilige Ausgabegerät
gestartet werden. Sobald der Server läuft, können sich beliebig viele
Clients anmelden.

Die Windows der Clients können an einer beliebigen Stelle aufgeblendet werden. Der Input-Focus eines Windows wird automatisch
dem Window zugeordnet, in dem sich der Cursor gerade befindet.
Das ist auch möglich, wenn das Window teilweise verdeckt ist.
Sobald der Cursor über ein Window geschoben wird, wird der Rand
dieses Windows verstärkt nachgezeichnet, um den Input-Focus
anzuzeigen.

Nach dem Starten des Servers sieht man das Root Window, das den
ganzen Bildschirm belegt, und in dem man mit der Maus den Cursor

verschieben kann. Für das interaktive Starten von Clients ist es wichtig, einen weiteren Client, den Terminal Emulator "XTerm" zu starten, der ein Shell-Window öffnet.

Das Shell-Window von "XTerm" besitzt auf der linken Windowseite einen Scroll-Bar, der mit seinem Slider angibt, wie groß der im Window angezeigte Teil im Verhältnis zum ganzen Windowinhalt ist (s. Kap. 2.1.3.). Im Scroll-Bar kann man mit den Maustasten klicken. Die rechte und linke Maustaste sind für seitenweises Blättern im XTerm-Window gedacht, mit der mittleren Maustaste kann man die Stelle im Scroll-Bar anklicken, an der man den Windowinhalt anzeigen will. Dem Client XTerm sind auch zwei Menüs zugeordnet, die durch gleichzeitiges Drücken der "Meta-Taste" und eines Mausknopfs aufgeblendet werden können. Die Meta-Taste ist eine von X definierte Keyboard Taste.

X11 beinhaltet auch einige Beispiel-Clients wie z.B. "XClock", eine Uhr, die in einem Window angezeigt wird, "XCalc", einen Taschenrechner, der mit der Maus bedienbar ist, "Puzzle", ein Verschiebespiel und "Xedit", einen Texteditor.

Die einzelnen Windows der Clients werden in einer bestimmten Größe und an einer bestimmten Position aufgeblendet. Je nach der Anfangspositionen können diese auch überlappend aufgeblendet werden.

Nach Aufblenden einiger Windows ist man gewöhnt, die Windows am Bildschirm verschieben, vergrößern oder ikonisieren zu können. Dazu setzt das X Window System einen weiteren Client voraus: einen Window Manager. X11 bietet zwei verschiedene Window Manager ("uwm" und "wm") an, deren Funktionsweise in den nächsten Kapiteln behandelt wird.

5.6.2.1. Der Window Manager - uwm

Der "uwm" ist der Standard Window Manager des X Window Systems. Er muß als weiterer Client dem Server bekanntgegeben werden. Der "uwm" verändert das äußere Layout der einzelnen Windows nicht. Nach dem Starten von uwm wird mit einem Ton angezeigt, daß die Initialisierung erfolgreich war, und ab jetzt der Benutzer mit dem Window Manager arbeiten kann.

Der "uwm" stellt drei Menüs zur Verfügung, die wie die Menüs des Terminal Emulators "XTerm" durch gleichzeitiges Drücken der Meta-Taste und einer der Maustasten aufgeblendet werden (die Meta-Taste ist bei einer Apollo-Workstation die Page-Up Taste im Funktionstastenfeld). Weil der "uwm" eigene Menüs unterstützt, ist es nicht mehr möglich, die "XTerm" eigenen Menüs aufzublenden.

Das erste Menü, das mit Meta-Taste und linker Maustaste aufgeblendet wird, beinhaltet allgemeine, das X Window System betreffende Funktionen, wie z.B. Redraw des ganzen Bildschirmes.

Das zweite Menü, das mit der Meta-Taste und mittlerer Maustaste angezeigt wird, stellt alle Window bezogenen Funktionen zur Verfügung, wie Redraw-Window, Move, Size, Ikonisieren, und Push/Pop Funktionen. Beim Vergrößern und Verschieben von Windows muß die mittlere Maustaste gedrückt bleiben. Dabei ist jeweils ein Gitter, ähnlich einem Rubberband bzw. Ghost-Frame sichtbar.

Das dritte Menü beinhaltet Auswahlmöglichkeiten zur Einstellung bestimmter Parameter, wie z.B. Mausgeschwindigkeit.

Die Bedienung des "uwm" ist durch das Aufblenden der Menüs relativ kompliziert und gewöhnungsbedürftig. Will man lieber die Windows nach der üblichen Bedienphilosophie behandeln, bei der man die Windowfunktionen direkt mit der Maus an den Windowrändern auslösen kann, ist einem zweiten von X11 angebotenen Window Manager, dem "wm", der Vorzug zu geben.

5.6.2.2. Der Window Manager - wm

Der "wm" ergänzt jedes Window mit einer Titelzeile. In dieser kann man mit der Maus 4 Window-Funktionen anklicken:

- Push/Pop Funktion: Verdeckte Windows werden in den Vordergrund gestellt.
- Icon-Box: Durch Anklicken dieser Box wird das Window ikonisiert. Wenn die Ikone angeklickt wird, wird das Window wieder in der ursprünglichen Größe angezeigt.
- Move-Bar: Durch Anklicken des Move-Bars kann 'as Window mit gedrückter Maustaste verschoben werden.
- Size-Box: Wie beim Move-Bar kann das Window mit gedrückter Maustaste vergrößert werden.

Abbildung 5-4 skizziert die Titelzeile des "wm":

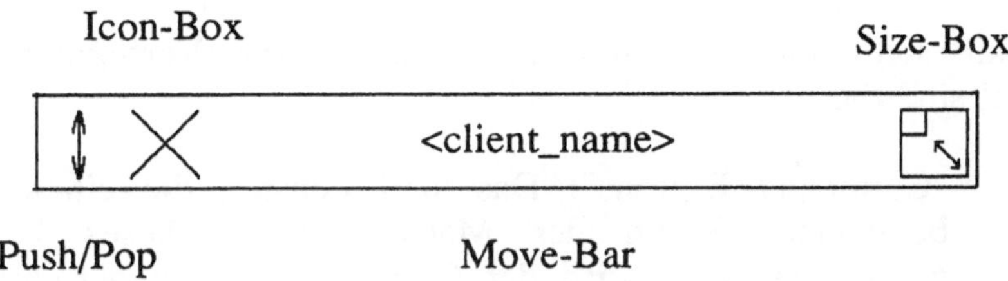

Abb. 5-4. Titelzeile für die Windows

Der "wm" ist im Vergleich zum "uwm" sicher benutzerfreundlicher, da die Bedienphilosophie ähnlich der bereits bekannten Desktop-Systeme (z.B. GEM) ist.

5.7. Das XToolkit

Um die Applikationsunterstützung zu verbessern, ist auf der Grundlage von Xlib von MIT, DEC und HP XToolkit entwickelt worden. Bei der Implementierung einer X Window System Anwendung mit Xlib stellte man fest, daß gewisse Arbeitsabläufe immer

wieder und fast identisch zu implementieren waren. XToolkit
ergänzt die im Vergleich zu anderen Window-Systemen fehlenden
Teile zur Verwaltung von Windows. Damit ist eine effiziente
Anwendungsprogrammierung möglich geworden. XToolkit legt wie
Xlib nicht das Layout der Benutzeroberfläche fest, sondern bietet
flexible Hilfsmittel zur Gestaltung des Bildschirmlayouts.

Durch die Einführung von sogenannten **Widgets** unterstützt
XToolkit Flexibilität und Ausbaufähigkeit. Ein Widget ist in
[SWI88] wie folgt definiert: *"An object providing a user-interface
abstraction, for example, a scroll-bar widget"*.

Z.B. ein Scroll-Bar wird mit den dazugehörigen Behandlungsfunk-
tionen zur Verfügung gestellt. Widgets unterstützen das Information
Hiding: Die Daten eines Widgets sind außerhalb seiner Implementa-
tion nicht zugänglich.

Widgets sind als graphische Objekte wie die Windows und das
Filesystem von UNIX in eine hierarchische Struktur eingebettet.

XToolkit stellt einige elementare Widgets zur Verfügung. Ein
Beispiel sind die

> "Command Buttons": Das sind Fenster, die einen Text
> beinhalten. Wenn der Mauscursor in dieses Fenster
> geschoben wird, wird der Command Button hervorgeho-
> ben. Wird ein Mausknopf dazu noch gedrückt, wird die
> Applikation sofort davon unterrichtet.

Widgets lassen sich auch als *Composite Widgets* zusammensetzen.
Ein Scroll-Bar läßt sich aus zwei Command Buttons und einem
Window, in dem man ein Rechteck verschieben kann, zusammen-
setzen. Der Scroll Bar wird als *ein* graphisches Objekt behandelt.

Die Widgets sind in **Widget-Klassen** eingeteilt. Eine Widget-Klasse
enthält alle für die Widgets in dieser Klasse gültigen Daten und
Funktionen. Eine Klasse besteht aus einem Kern (core class part)
und den klassenspezifischen Daten.

Ein Widget ist definiert durch die Daten seiner Widget-Klasse und
durch die eigenen Daten. Wie eine Klasse besitzt auch das Widget
einen Kern. Die Kerninformation eines Widget wird von den

Funktionen des XToolkits behandelt, die Widget eigenen Daten werden von den Funktionen behandelt, die extra für dieses Widget definiert wurden. Prinzipiell können in einem Widget die Daten und Funktionen einem privaten und einem öffentlichen Teil zugeteilt werden. Private Daten und Funktionen enthalten für den Benutzer unwichtige Funktionen, und deshalb übernimmt XToolkit deren Verwaltung.

Jedem Widget sind sogenannte *Callback Listen* zugeordnet. Das sind Funktionen, die mit der Anwendung kommunizieren.

Mit XToolkit wird bereits die Richtung eingeschlagen, die in Kapitel 6. behandelt werden wird.

5.8. Standardisierungs-Bestrebungen

Durch die weite Verbreitung des X Window Systems haben verschiedene Firmen je ihr eigenes XToolkit entwickelt. Um eine einheitliche Mensch-Maschine-Schnittstelle auf XToolkit-Ebene zu erreichen, wird allgemein eine Standardisierung angestrebt.

Im Zuge der Standardisierungs-Bestrebungen sind Gruppen gebildet worden, deren Mitglieder aus verschiedenen Firmen stammen:

- MIT X-Consortium:
  Das X-Consortium beinhaltet Mitglieder der Universität und aus der Industrie, die die technische Weiterentwicklung des X Window Systems kontrollieren. Organisatorisch ist das X-Consortium Teil des "MIT Laboratory for Computer Science". Die Unterlagen sind für jede weitere Organisation verfügbar.

- X/Open:
  X/Open versteht sich als ein Gremium von Herstellern und Anwendern, das Normungs-Empfehlungen ausspricht, aber keine Normen setzt. Die von den Firmen vorgeschlagenen XToolkits werden innerhalb der X/Open Technical Group untersucht und dem Gremium für die Entscheidung zur Verfügung gestellt. XOpen wurde 1984 von den Firmen Bull, ICL, Nixdorf, Olivetti und SIEMENS gegründet.

- Open Software Foundation (OSF):
  Die im Mai 1988 von den Firmen Apollo-Computer,
  Groupe-Bull, DEC, HP, IBM, Nixdorf und SIEMENS AG
  gegründete OSF hat die Zielsetzung, ein neues Software
  Umfeld zu entwickeln. Im Bereich der Mensch-Maschine-
  Kommunikation wird X/Open als Ausgangspunkt benutzt.

Laut neuesten Berichten in der COMPUTERWOCHE Nr. 3 und 4
1989 ist die Entscheidung für eine Benutzeroberfläche gefallen: die
OSF wird mit "Motiv", der "Mischoberfläche von Digital Equipment, Microsoft und Hewlett-Packard" Mitte dieses Jahres einen
Standard für die graphische Benutzeroberfläche definiert haben und
diesen an die Industrie weitergeben. Das System soll nicht nur unter
UNIX laufen, sondern auch unter OS/2 und DOS. Damit sollen
neben den UNIX-Workstation Benutzern auch die PC-Anwender
angesprochen werden.

Die Gruppe X/Open untersucht parallel zu OSF verschiedene
XToolkits bezüglich eines Vorschlags auf eine Standard-
Benutzeroberfläche. Eine endgültige Entscheidung wurde von
X/Open noch nicht getroffen. Es ist zu erwarten, daß die Standardi-
sierung der OSF die Entscheidung von X/Open beeinflussen wird.

6. Trends

In den letzten Kapiteln wurden einige Desktop-Systeme mit ihren graphischen Möglichkeiten und Toolsets vorgestellt und miteinander verglichen.

Um die Mensch-Maschine-Schnittstelle einheitlich zu gestalten, sind allgemeine Überlegungen zu deren Struktur notwendig. Diese Überlegungen schließen Methoden zur Spezifikation des Dialogs und Realisierung der Schnittstelle zur Applikation mit ein.

Durch die weite Verbreitung und Beliebtheit von Desktop-Systemen werden die Systeme nicht nur praktisch entwickelt, sondern auch theoretisch behandelt. Für diese Zwecke ist das *User Interface Management System (UIMS)* definiert worden. Das UIMS soll die verbleibende Lücke zwischen Applikation und Benutzerschnittstelle füllen, damit ein Desktop noch einfacher entwickelt und bedient werden kann.

In den folgenden Kapiteln wird nun auf diese Problematik eingegegangen.

6.1. Einleitung

Bevor Desktop-Systeme immer mehr bekannt wurden, wurde bei der Entwicklung von Applikationen hauptsächlich auf die richtige Realisierung der Aufgabenstellung Rücksicht genommen. Ein Benutzer hatte als Eingabewerkzeug ausschließlich die Tastatur als Hilfsmittel. An ein benutzerfreundliches Bildschirmlayout wurde oft nicht gedacht, und Graphik war meist zu kostspielig.

Eine Erleichterung für die Benutzereingabe stellen bereits Masken-Systeme dar, mit denen man auf vordefinierten Feldern eingeben kann. Damit ein Anwendungsentwickler nicht jedesmal die Masken selbst erstellen muß, bieten Masken-Systeme Editoren zur Erstellung von Masken an. Damit kann man Masken unabhängig von der Anwendung gestalten. Eine Trennung von Applikation und Benutzerschnittstelle ist hier bereits gegeben: Zuerst wird die Maske mit dem Editor erstellt, dann wird die Anwendung implementiert, die sich auf die zuerst kreierten Masken bezieht. Auch bei Desktop-Systemen ist es wichtig, daß Benutzerschnittstelle und Applikation auf ähnliche Weise getrennt werden!

Für die rasche Eingabe von Kommandos steht bei alphanumerischen Anwendungen eine Menüleiste zur Verfügung. Die einzelnen Menüeinträge entsprechen Funktionstasten auf der Tastatur. Die Menüleiste ist z.B. am unteren Bildschirmrand angebracht, der ausschließlich für die Darstellung des Menüs reserviert ist.

Erst nachdem graphische Geräte immer billiger wurden, gab es immer mehr Applikationen mit graphischer Benutzerschnittstelle. Die Kommunikation mit dem Computer kann damit bildhaft und für den Benutzer verständlicher gestaltet werden. Jeder Benutzer wird froh sein, wenn er nicht mehr mit der Tastatur Kommandos eingeben muß, sondern mit der Maus arbeiten kann.

6.2. User Interface Management Systeme (UIMS)

6.2.1. Was ist ein UIMS?

Das User Interface Management System (UIMS) ist die Schicht zwischen Benutzer und Applikation. Die Benutzerschnittstelle wird auf diese Weise von der Applikation getrennt.

Jede Applikation hat ihre eigenen Objekte und Aktionen. Verschiedene Applikationen können sich auch gemeinsame Objekte und Aktionen teilen, wie zum Beispiel die Werkzeuge zum Kreieren von Tabellen oder Formularen. Benutzer erwarten eine einheitliche Benutzerschnittstelle, was auch von Vorteil für Anwendungsentwickler ist, die dadurch weniger Entwicklungsaufwand haben.

Ein UIMS faßt solche gemeinsamen Objekte und Aktionen zusammen und unterstützt deren Verwendung und Verwaltung.

Ein UIMS versteht sich auch als Satz von Service-Leistungen, die die Benutzerschnittstelle unterstützen. Diese Leistungen basieren auf einem höheren Level als z.B. die Graphikschnittstelle GKS. Eine Library von Unterprogrammaufrufen (z.B. Xlib) alleine ist noch kein UIMS. Das UIMS bietet Tools, um eine Benutzerschnittstelle (User Interface) zu realisieren, und zusätzlich ein Run-Time System (Unterstützung zur Laufzeit des Systems), das die Interaktion zwischen Benutzer und Applikation unterstützt. Mit seinen Leistungen sollen Anwendungen mit weniger Entwicklungsaufwand fertiggestellt werden können. Voraussetzung für ein gutes Funktionieren ist, daß alle Benutzeraktionen und Informationen für den Benutzer durch das UIMS gehen.

Der Benutzer hat nur mit dem "User Interface" zu tun. Seine Eingaben werden vom UIMS akzeptiert und interpretiert. Das UIMS verwaltet zusätzlich auch die Reaktionen auf die Benutzereingaben sowie den interaktiven Dialog. Ein UIMS sollte es ermöglichen, das Layout einer Benutzerschnittstelle, ohne Änderung der Anwendung, zu verändern.

Eines der wichtigsten Ziele eines UIMS ist die automatische Konstruktion und Verwaltung der Benutzerschnittstelle. Das bedeutet, daß die Benutzerschnittstelle mit geringstem Aufwand erzeugt wird, und zur Laufzeit einer Applikation das UIMS die Mensch-Maschine-Kommunikation übernimmt.

6.2.2. Modellierung des UIMS

Ein UIMS ist als ein Modul vorgestellt worden, das zwischen Benutzer und Applikation den Dialog verwaltet. Um die Entwicklung zu optimieren, sind einige Modelle entwickelt worden (vgl. Kap. 3.2.2.).

Diese Modelle sollen helfen, folgende Fragen zu beantworten:

-   Welche Beschreibungen sind für eine Benutzerschnittstelle nötig?
-   Wie werden menschliche Faktoren in das UIMS miteinbezogen?
-   Wie können bereits realisierte Benutzerschnittstellen klassifiziert werden?

Ein Beispiel für solch ein abstraktes Modell ist das **Seeheim-Modell** ([GRE86]). Das Modell kann zwar nicht das Problem lösen, wie ein UIMS entwickelt werden soll, aber es zeigt die logischen Teile, die ein UIMS beinhalten soll. Jeder Teil hat dabei eine bestimmte Aufgabe zu erfüllen. Abbildung 6-1 zeigt die drei Komponenten des Seeheim-Modells:

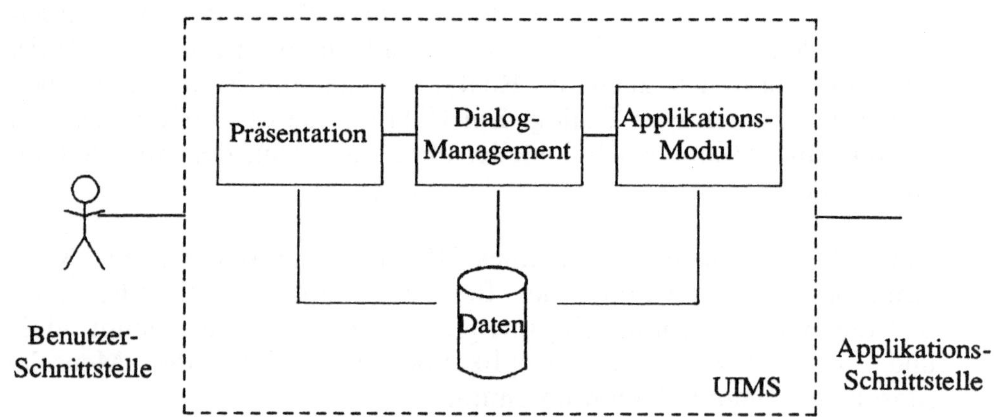

Abb. 6-1. Seeheim-Modell

Die Daten-Bank beinhaltet alle für das UIMS wichtigen Daten, wie z.B. Terminal-Eigenschaften oder Dialog-Zustand.

6.2.2.1. Der Präsentations-Teil

Die Präsentationskomponente des Seeheim-Modells ist für das äußere Layout einer Benutzeroberfläche verantwortlich. Dieser Teil zeichnet die Objekte auf den Bildschirm, weiters wird die Eingabe entgegengenommen und für die anderen Teile aufbereitet. Die

Verwaltung von Ein- und Ausabegeräten, Interaktions- und Anzeigetechniken liegt in der Verantwortung des Präsentations-Teiles. Neue Ein- und Ausabegeräte können dazugenommen werden, indem der Präsentationsteil dementsprechend angepaßt wird.

Die einzelnen Objekte sind durch eine spezielle Objektspezifikation, wie z.B. Typ und Name gekennzeichnet. Die einzelnen Objekte werden so angezeigt, wie sie am ehesten der Vorstellungskraft des Benutzers entsprechen. Bei Desktop-Systemen ist das durch die verschiedenen Ikonen der Objekte gut gelungen, wie z.B. das Papierkorbsymbol oder das Ordnersymbol die Verwandtschaft zum richtigen Schreibtisch zeigen. Ein Benutzer eines Desktop-Systems soll beim Arbeiten mit einem Desktop-System bemerkt haben: *"Ich habe geglaubt, daß ich der Unordnung auf meinem Schreibtisch entgehe, wenn ich meine Schreibarbeiten mit dem Computer erledige. Jetzt habe ich aber die Unordnung auf dem Bildschirm."* Durch einige sich überlappende Windows hatte dieser Benutzer auch am Bildschirm nicht die erhoffte Übersicht. Dieses Beispiel zeigt, wie realitätsnah mit einem Desktop-System gearbeitet werden kann.

6.2.2.2. Das Dialog-Management

Das Dialog-Management ist das Verbindungsstück zwischen Präsentations-Teil und Applikations-Modul. Es paßt die Eingaben, die vom Präsentations-Teil kommen, an das Applikations-Modul an. Umgekehrt werden die Ausgaben, die vom Applikations-Modul kommen, interpretiert und an die Präsentationsschicht weitergegeben.

Der Mensch-Maschine-Dialog befindet sich zu jedem Zeitpunkt in einem bestimmten Zustand. Dieser wird vom Dialog-Management verwaltet, und kann abhängig von den Benutzereingaben verändert werden. Wurden zum Beispiel einige Objekte selektiert und dafür die Aktion "Copy" ausgewählt, erwartet das System die Eingabe eines Ziel-Parameters, wohin die Objekte kopiert werden sollen. Dieses Warten auf den Ziel-Parameter wird in einem eigenen Zustand definiert. Ein weiteres Beispiel einer Zustandsdefinition ist das Vergrößern eines Windows. Diese wird durch die Funktion "Size" aus einem Menü oder durch eine Size-Box aktiviert. Wenn man dann die neue Größe des Windows durch Mausverschieben bestimmt, ist ein Rubberband sichtbar (s. Kap. 4.8.2.2.), das den Size-Zustand dem Benutzer anzeigt.

Das Dialog-Management kümmert sich selbständig um bestimmte Anforderungen des Benutzers, darunter fallen z.B. auch die Window Manager Aufgaben.

6.2.2.3. Das Applikations-Modul

Das Applikations-Modul paßt die Daten und Anforderungen des Benutzers an die Applikationsschnittstelle an. Es beinhaltet die Datenstrukturen und Routinen, die die Benutzerschnittstelle zur Kommunikation mit der Anwendung benötigt.

Zum Beispiel soll das Applikations-Modul u. a. folgende Leistungen unterstützen:

- Ein UIMS kennt eine Reihe von Applikations-Unterprogrammen, die das UIMS bei Erfüllung gewisser Bedingungen aufrufen kann. Wenn z.B. ein bestimmter Menüeintrag selektiert wird, soll eine bestimmte Routine aktiviert werden.

- Durchführung einer Gültigkeitskontrolle von Daten:
  Bevor eine Routine aktiv wird, wird z.B. eine Zahl, die vom Benutzer eingegeben wurde, auf ihre Grenzwerte überprüft.

6.2.3. Anforderungen an ein UIMS

Ein UIMS soll als ein eigenständiges Modul entwickelt werden, das für alle Anwendungen zentral verwendet werden kann.

Ein Benutzer begrüßt eine leichte Erlernbarkeit des Mensch-Maschine-Dialogs, wenn er mit einem System neu konfrontiert wird. Ein UIMS soll dem Benutzer auch Möglichkeiten zur individuellen Dialoggestaltung je nach Kenntnisstand geben.

Im folgenden sind einige Punkte aufgezählt, die ein UIMS unterstützen sollte ([PFA83]):

(1) Das UIMS sollte die Gestaltung des Bildschirmlayouts unterstützen. Diese Anforderung bedingt, daß Bausteine zur Verfügung stehen, mit denen das Bildschirmlayout kreiert wird.

(2) Wichtig ist, daß das UIMS die Ausgabe von Fehlermeldungen und Helpinformation unterstützt. Das hilft dem Benutzer bei der Interaktion mit dem System, wenn er z.B. jederzeit weiß, welche Aktionen von ihm als nächstes erwartet werden.

(3) Die Verwendung von Ikonen sollte unterstützt werden. Dabei ist ein Icon-Editor miteingeschlossen, mit dem neue Ikonen kreiert und verwendet werden können.

(4) Das UIMS sollte eine Liste für Unterprogramme verwalten: Eine Applikation kann dem UIMS eine Anzahl von Unterprogrammen zur Verfügung stellen, die abhängig von Benutzerentscheidungen resultierend aus der Mensch-Maschine-Kommunikation aufgerufen werden können. Umgekehrt soll eine Liste von UIMS Routinen den Applikationen bereitstehen. In dieser stehen z.B. Routinen, die der Applikation bestimmte Benutzereingaben liefern.

(5) Die Unterstützung von Mechanismen für die UIMS-Applikation-Kommunikation ist weiters eine wichtige Anforderung. Dazu gehören z.B. die Verständigung der beiden Seiten durch Events und die Übergabe von Parametern an die Routinen.

Als Erweiterung sind noch folgende wichtige Punkte hinzuzufügen:

- Die Benutzerschnittstelle sollte mit einem interaktiven Editor erstellt werden können. Damit kann die Benutzerschnittstelle ohne Programmieren interaktiv definiert werden.

- Unterstützung des Rapid Prototyping: Die mit dem Editor erstellte Benutzeroberfläche sollte sofort getestet werden können. In diesem Testmodus kann die Benutzeroberfläche simuliert werden, ohne daß die dazugehörige Anwendung bereits existieren muß.

6.3. Moderne User Interface Management Systeme

6.3.1. Motivation

Der Markt bietet heute eine Anzahl von Dialogsystemen, die Ähnlichkeiten hinsichtlich Architektur, Bedienphilosophie und Anwendungsentwicklung zeigen. In diesem Buch sind bereits einige von ihnen vorgestellt und verglichen worden. Ausgehend von den Desktop-Systemen am PC, die jetzt schon selbstverständlich geworden sind, werden auch Multi-Prozeß-Rechner mit Windowtechnik und objektorientierter Benutzereingabe versorgt. Wegen der Vielfalt der unterschiedlichen Desktop-Systeme versucht man durch User Interface Management Systeme einen gewissen Grad an Vereinheitlichung zu erlangen.

Mit der Definition eines User Interface Management Systems werden die für die Mensch-Maschine-Kommunikation wichtigen Komponenten zusammengefaßt. Durch die Implementierung eines UIMS's sind die den Dialog betreffenden Teile streng von der Applikation getrennt worden.

Es nützt das beste UIMS nichts, wenn darin nicht bereits bestehende Anwendungen miteinbezogen werden können. Wie lösen dieses Problem bereits realisierte Systeme?

- GEM und MS-Windows: Jede Applikation ist vom Desktop aus startbar, aber kommuniziert mit dem Benutzer über die applikationseigene Mensch-Maschine-Schnittstelle. Das bewirkt, daß beim Starten einer Applikation der Bildschirm gelöscht wird und die Applikation den Bildschirm für sich verwendet, als ob sie von DOS aus gestartet worden wäre. Nach Beenden der Applikation findet sich der Benutzer in der ursprünglichen Desktop Umgebung wieder. Im Gegensatz dazu laufen Anwendungen, die mit der GEM- bzw. MS-Windows Schnittstelle implementiert wurden, in einem GEM- bzw. MS-Windows Window ab.
- Topview: Topview erlaubt mit der "Add a Program" Funktionalität die Einbindung von Applikationen in das System. Eine Applikation läuft in einem Topview-Window ab, ohne daß sie von der Existenz dieses Windows weiß.
- Display Manager, X Window System: Diese Systeme erlauben, mehrere Shell-Windows aufzublenden, in denen je eine Applikation gestartet werden kann. Applikationen, die nicht auf die Graphikschnittstelle aufsetzen, verwenden das Shell-Window anstelle des Bildschirmes für ihre Ausgaben.

Haben Sie schon beim Arbeiten mit einem Desktop-System den Wunsch gehabt, das Layout am Bildschirm zu ändern, ohne die Implementierung des Desktop-Systems zu kennen? Meistens ist das nicht möglich, weil die Desktop-Systeme das Layout fix vorgeben und eine Änderung einen Eingriff in die Implementierung bedeuten würde. Ein Beispiel für diese Tatsache ist GEM-Desktop:

Die alte Version unterstützt überlappende Windows, die verschoben und vergrößert werden können. Die neue Version bietet diese zwei Möglichkeiten nicht, die zwei Desktop-Windows sind fix plaziert und haben fixe Größen. Es wird für Sie als Benutzer der neuen Desktop-Version nicht möglich sein, auch hier die Größe und Plazierung der Windows zu ändern, ohne einen Eingriff in die Implementierung von GEM-Desktop zu machen.

Eines der Ziele bei der Entwicklung eines UIMS ist es, daß der Benutzer das Layout ändern kann, ohne einen Eingriff in den Source-Code der Applikation zu machen. Vorausetzung dafür ist die klare Trennung von Dialogteil (diese Aufgaben übernimmt ausschließlich das UIMS) und Applikation.

Dieses Ziel ist z.B. bei den Systemen Domain **Dialogue** (Apollo Computer Inc. 1987) und **DIATOOLS** (SIEMENS, 1988) sehr gut gelungen: Bei beiden Systemen ist es möglich, die Benutzerschnittstelle unabhängig zur Applikation zu verändern.

Diese beiden Systeme erfüllen nach heutigem Entwicklungsstand sehr viele Anforderungen eines UIMS. Die Benutzerschnittstelle ist klar von den Anwendungsprogrammen getrennt.

Prinzipiell lassen sich zwei verschiedene Möglichkeiten zur Realisierung der Benutzerschnittstelle verfolgen:

- Die Benutzerschnittstelle wird mittels einer Beschreibungssprache realisiert. Diese Technik ist bei Dialogue verwendet worden.
- Die Benutzerschnittstelle wird mit einem Editor vom Anwender interaktiv erstellt, und in einem Ressource-File abgelegt. Diese Technik verwendet DIATOOLS.

In den folgenden Kapiteln wird die Funktionalität der Systeme Dialogue und DIATOOLS vorgestellt, und an Hand eines Beispieles miteinander verglichen. Die beiden Systeme sind zwei repräsentative Beispiele für die Vielfalt der bereits entwickelten User Interface Management Systeme.

6.3.2. Definition des Beispielprogramms

Um die Eigenschaften der beiden Systeme im praktischen Einsatz bewerten zu können, wurde ein einfaches Dialogprogramm auf Dialogue und DIATOOLS entwickelt.

Das Beispielsdialogprogramm bietet die Möglichkeit, auf einer vorgegebenen Zeichenfläche interaktiv Linien und Kreise zu zeichnen. Das Programm stellt folgende Dialogelemente zur Verfügung:

- Menü mit folgenden Auswahlmöglichkeiten:
    - Circle
    - Line
    - Clear
    - Quit
- Zeichenfläche, in der man mit der Maus Anfangs- und Endpunkt von Linien bestimmen kann.

Nach Auswahl von "Circle" aus dem Menü kann man in einem Formular Mittelpunktkoordinaten und Radius eingeben. Nach Abschluß der Eingabe wird der dementsprechende Kreis auf der Zeichenfläche dargestellt.

Nach der Auswahl von "Line" kann der Benutzer Anfangs- und Endpunkt einer Linie mit zwei Mausclicks im Zeichenfeld eingeben.

Die Auswahl von "Clear" bewirkt ein Löschen der Zeichenfläche, mit "Quit" wird das Programm beendet.

Nach der allgemeinen Beschreibung der Systeme wird auf die Realisierung dieses Beispieles mit dem jeweiligen System eingegangen. An Hand des Beispieles werden die Aspekte Benutzerfreundlichkeit und Änderbarkeit der Dialog-Schnittstelle und Entwicklungsaufwand diskutiert.

6.3.3. Das Desktop-System Dialogue

6.3.3.1. Übersicht

Domain/Dialogue ist ein System, das von Apollo Inc. zur Konstruktion von Benutzeroberflächen zur Verfügung steht. Es bietet Tools, mit denen eine Benutzeroberfläche unabhängig von der Applikation entwickelt werden kann.

Dialogue Anwendungen laufen in Display Manager Windows. Das hat den Vorteil, daß das äußere Layout des Windows (Rand und Titelzeile) nicht verändert wird. Das Window, in dem die Dialogue Applikation gestartet wurde, ist mit der Bedienphilosophie des Display Managers zu behandeln (s. Kap. 4.8.).

Anwendungen, die mit Dialogue entwickelt wurden, haben zwei Teile:

-   Domain/Dialogue Teil: In diesem sind die für die Benutzerschnittstelle und Applikationsschnittstelle Definitionen zusammengefaßt.
-   Applikationsteil: In der Applikation wird die im Domain/Dialog Teil definierte Benutzerschnittstelle aktiviert, und für die Benutzerschnittstelle der Anwendung verwendet.

Der Benutzer gibt seine Eingaben über die Benutzerschnittstelle (User Interface) ein. Die Applikation wird über die Applikationsschnittstelle (Application Interface) von der Benutzereingabe informiert, und verwertet diese Eingabe im applikationsinternen Ablauf. Abbildung 6-2 informiert über diesen Zusammenhang:

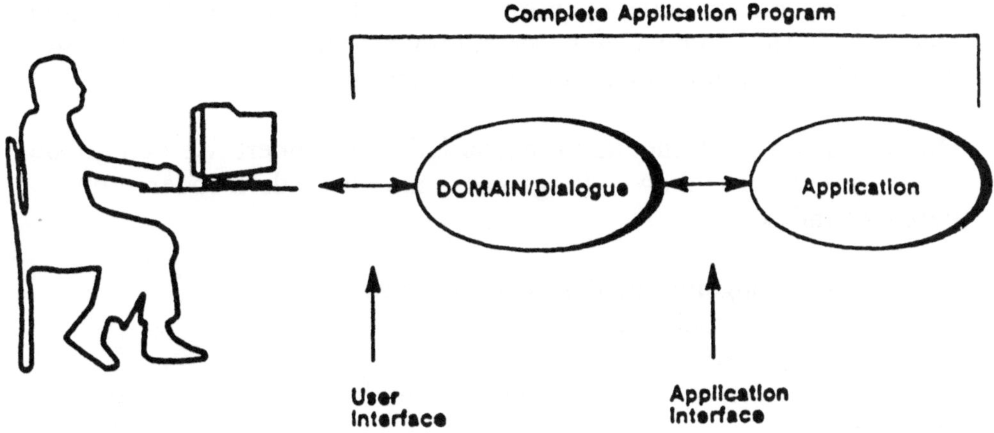

Abb. 6-2. Zusammenhang Applikation - Benutzerschnittstelle

6.3.3.2. Die Entwicklungsumgebung

Durch die Tatsache, daß die Benutzerschnittstelle streng von der Applikation getrennt ist, ist es möglich, zuerst die Benutzerschnittstelle zu definieren, ohne vorher die Applikation implementieren zu müssen.

Die Benutzerschnittstelle wird gemeinsam mit der Applikationsschnittstelle in einem File in Textform dargestellt. Dafür bietet Dialogue eine Beschreibungssprache. Dieses Beschreibungsfile wird mit einem Übersetzer in ein binäres File umgewandelt. Zur Laufzeit wird das binäre File mit Dialogue-Routinen interpretiert. Diese Dialogue-Routinen koordinieren die Interaktionen zwischen Benutzer und Applikation.

Die eigentliche Applikation kann unabhängig von der Definition der Benutzer- und Applikationsschnittstelle entwickelt werden. Der Anwendungsprogrammierer muß sich nicht um die Interaktion zwischen Mensch und Computer kümmern, und freut sich über geringeren Entwicklungsaufwand für die Applikation.

Die Benutzeroberfläche kann nachträglich verändert werden, ohne das dazugehörige Anwendungsprogramm verändern oder kompilieren zu müssen.

Das Beschreibungsfile gliedert sich in die zwei Teile
            Benutzerschnittstelle und
            Applikationsschnittstelle.
In den folgenden zwei Kapiteln werden diese zwei Teile genauer behandelt:

6.3.3.3. Komponenten der Benutzerschnittstelle

Die Benutzerschnittstelle wird im Beschreibungsfile durch sogenannte "Techniques" dargestellt. Diese werden weiters in folgende zwei Typen eingeteilt:
  -    "Presentation Techniques" und
  -    "Structuring Techniques"

Die "Presentation Techniques" beziehen sich auf das Layout der einzelnen Bildschirmobjekte. Bildschirmobjekte sind z.B. Felder, in denen eine Zahl mit einem bestimmten Typ oder ein String vom Benutzer eingegeben werden können. In der Definition eines bestimmten Typs wird außer der Definition des Layouts auch die Verbindung zu bestimmten Tasks hergestellt. Dazu ein Beispiel:

```
name_field := STRING_FIELD:
    TASK = name_task;
    OUTLINE = on;
    SHAPE = rounded;
    PROMPT = "Bitte geben sie Namen ein:";
    HELP_TEXT = "Name eingeben und mit <Return> abschließen"
END
```

An diesem Beispiel erkennt man, daß bei TASK ein Name angegeben ist, der bei Definition der Applikationsschnittstelle zu finden ist. Im restlichen Teil wird das Layout des Beispielobjektes bestimmt. Besonders zu erwähnen ist die Help-Unterstützung: Mit HELP_TEXT kann man einen kurzen Helptext angeben, der zur Laufzeit durch Drücken der Help-Funktionstaste angezeigt wird.

Die "Structuring Techniques" definieren die Einteilung des Bildschirmes, indem die "Presentation Techniques" kombiniert und zu einem Gesamtlayout zusammengefaßt werden. Ein Beispiel für eine "Structuring Technique" ist die Definition einer Reihe (ROW), die horizontal oder vertikal angegeben werden kann.

```
row_of_field := ROW:
    CONTENTS = (name_field);
    OUTLINE = on;
    END
```

Mit dieser Definition wird das zuerst definierte "name_field" einer Reihe zugeordnet, und kann damit in einem Window ausgegeben werden.

6.3.3.4. Die Applikationsschnittstelle

Die Applikationsschnittstelle setzt sich aus der Definition von "Tasks" zusammen, die die Verbindung zur Applikation herstellen. Jeder "Task" definiert einen bestimmten Datentyp, dessen Inhalt gesichert wird. In der Definition des "Tasks" wird der Name des Unterprogramms angegeben, das in der Applikation definiert wird.

Zu der im letzten Kapitel definierten "Technique" wird der "Task"
angegeben:


```
name_task := STRING:
   COMP => <CALL eingabe>
   END
```


Diese Eingabe bedeutet, daß der vom Benutzer eingegebene String
durch die Definition von "name_task" gespeichert wird und nach
Abschluß der Eingabe das Unterprogramm "eingabe" von der Applikation gestartet wird.

Allgemein kann man zwei verschiedene Angaben definieren:
- Event/Action-Statements: Diese Angabe definiert, wie auf
  ein Event zu reagieren ist. Im Beispiel wird mit dem Event
  COMP signalisiert, daß die Eingabe des Strings abgeschlossen ist.
- Attribute/Value-Statements: In diesem Teil werden
  Charakteristika von "Techniques" und "Tasks" definiert.
  Zum Beispiel können hier für Zahlenwerte Grenzen
  angegeben werden, die von Dialogue automatisch
  überprüft werden, damit eine falsche Eingabe ausgeschlos-
  sen wird.

6.3.3.5. Realisierung des Beispiels

Auf den nächsten Seiten ist die Definition der Benutzerschnittstelle
und Applikationsschnittstelle aufgezeigt. Auf den ersten Blick ist zu
erkennen, daß diese Beschreibung bereits für ein kleines Beispielprogramm relativ viel Aufwand bedeutet. Für die Erstellung der
Benutzerschnittstelle ist Übung und einiges an Fachwissen nötig. Ein
Benutzer mit wenig EDV-Erfahrung wird eine Schnittstelle nur mit
größten Schwierigkeiten entwerfen können oder überhaupt das
Interesse daran verlieren. Es ist zwar von den Vorraussetzungen her
möglich, die Benutzerschnittstelle unabhängig von der Applikation
zu verändern, aber der Benutzer muß dafür die Syntax der
Beschreibungssprache lernen.

An diesem Beispiel erkennt man die Teilung in die Benutzerschnittstelle und die Applikationsschnittstelle. Die Applikationsschnittstelle besteht aus einer Aufzählung der einzelnen "Tasks". Die
Benutzerschnittstelle wird aus den einzelnen Dialogue-Objekten
zusammengesetzt: Das Menü wird aus ICON-Objekten aufgebaut,
die Zeichenfläche wird mit einem GRAPHICS_AREA Objekt realisiert. ICON Objekte sind Felder zum Anklicken, sie liefern keinen
Wert, wie z.B. ein STRING_FIELD Objekt. Für die Eingabe der
Kreiskoordinaten ist eine POPUP Objekt definiert, das aus
INT_FIELD Objekten aufgebaut ist.

Es folgen nun eine Skizzierung des Layouts der Benutzerschnittstelle in der Abbildung 6-3 und anschließend die Definitionen
der Schnittstellen.

Abb. 6-3. Layout des Beipielprogramms mit Dialogue

Definition der Schnittstellen mit der Beschreibungssprache:

DIALOG

```
{ ------------------------------------------------------------ }
{ Beginn der Definition der Applikationsschnittstelle }
{ ------------------------------------------------------------ }
```

APPLICATION_INTERFACE demo

{ Definition der verschiedenen Tasks }

*{ Die neben CALL angegebenen Namen sind die Unterprogrammnamen im
Source-Code der Applikation }*

```
work_area_task:= GPR:              { GPR bezeichnet den Graphik-Datentyp }
  LOCATOR => <CALL locator>;   { Position des Cursors wird festgehalten }
  INIT_RTN = init_work_area;      { init_work_area wird beim Initialisieren }
  HI_PLANE = 0;                       { aufgerufen }
END


line_task := NULL:              { draw_line wird beim Klicken im Line Feld }
  COMP => <CALL draw_line>      { aufgerufen }
END


mark_point := NULL:              { marker wird aufgerufen, wenn }
  COMP => <CALL marker>          { in der Graphik-Fläche geklickt wurde }
END


clear_task := NULL:              { clear_work_area wird beim Klicken im }
  COMP => <CALL clear_work_area> {      clear Feld aufgerufen }
END


quit_task := NULL:              { Beim Klicken im Quit Feld wird die }
  COMP => <RETURN>               { Applikation beendet }
END


enter_x_task := INT:            { Die nächsten Tasks sind für die }
  MIN = 0;                        { Eingabewerte der Kreisbe- }
  MAX = 1000;                     { stimmungsstücke }
  VALUE = 100
END                               { MIN und MAX geben die Grenzen an }
                                  { VALUE ist der Initialisierungswert }
```

```
enter_y_task := INT:
  MIN = 0;                        { Die integer Werte werden vom }
  MAX = 1000;                     { Dialogue System der Applikation zur }
  VALUE = 100                     { Verfügung gestellt }
END


enter_r_task := INT:
  MIN = 0;
  MAX = 1000;
  VALUE = 50
END


popup_menu := NULL:               { leave_popup wird beim Wegblenden des }
  COMP => <CALL leave_popup>      { Pop-Up-Menüs aktiviert }
END



{ ------------------------------------------------------------ }
{ Beginn der Definition der Benutzerschnittstelle }
{ ------------------------------------------------------------ }

USER_INTERFACE demo
%INCLUDE "/sys/ins/dialog_user.ins.dps"

{ Die Definition der Menüeinträge wird mit einer Reihe lauter }
{ ICON Objekte angegeben }

row_of_items := ROW:
  SHAPE = rounded;                { Der Rand der Reihe ist rund, die }
  ORIENTATION = vertical;         { Einträge stehen vertikal }
  CONTENTS = (circle_item := ICON:
          SELECT => <popup SHOW>; { Pop-Up-Menü soll aufgeblendet }
          OUTLINE = on;           { werden }
          SHAPE = square;
          STRING = "Circle";
          HELP_TEXT = "Selektiere Feld für Kreisdefinition"
        END

        line_item := ICON:
          TASK = line_task;       { Dem line_item Objekt wird die }
          OUTLINE = on;           { "line_task" zugeordnet }

          STRING = "Line";
          HELP_TEXT = "Selektiere Feld für Linien Modus"
        END
```

```
            clear_item := ICON:
              TASK = clear_task;        { Dem clear_item Objekt wird die }
              OUTLINE = on;               { "clear_task" zugeordnet }
              SHAPE = square;
              STRING = "Clear";
              HELP_TEXT = "Selektiere Feld für Loeschen"
            END

            quit_item := ICON:
              TASK = quit_task;         { Dem quit_item Objekt wird die }
              OUTLINE = on;               { "quit_task" zugeordnet }
              SHAPE = square;
                STRING = "Quit";
              HELP_TEXT = "Selektiere Feld für Beenden"
            END )
END


graphics_item := GRAPHICS_AREA:              { Definition der Zeichenfläche }
  [ml] => <mark_point COMP>;          { Definition der linken Maustaste, }
  HELP_TEXT = "Zeichenflaeche für Kreis und Linie";   { diese soll beim }
  TASK = work_area_task;                        { Druecken den }
  OUTLINE = on;                               { mark_point Task }
  SHAPE = rounded;                            { ansprechen }
  SIZE = ((100 100) (400 400) (600 600)) pixels
END


row_with_menu_and_graphic := ROW:   { Definition der Windowfläche }
  OUTLINE = on;                          { durch Kombination der Objekte }
  SHAPE = square;                        { row_of_items und graphics_item }
  CONTENTS = (row_of_items
          graphics_item)
END



{ Definition des Pop-Up-Menüs: }


popup_contents := ROW:          { Definition des Pop-Up-Menü Inhalts }
  ORIENTATION = vertical;
  HELP_TEXT = "Formular für die Eingabe der Kreisparameter";
  SHAPE = rounded;
  BORDER_WIDTH = 3;
  OUTLINE = on;
  DIVISION_WIDTH = 5;
  CONTENTS = (x_item := INT_FIELD:      { Das Pop-Up-Menü setzt sich }
          OUTLINE = on;               { aus INT_FIELD Objekten }
```

```
       FONT = "std";              { zusammen }
       PROMPT = "   Enter center_x: ";
       PROMPT_FONT = "std";
       HELP_TEXT = "Eingabe der x-Koordinate des Kreismittelpunktes";
       TASK = enter_x_task
     END

     y_item := INT_FIELD:
       OUTLINE = on;
       FONT = "std";
       PROMPT = "   Enter center_y: ";
       PROMPT_FONT = "std";
       HELP_TEXT = "Eingabe der y-Koordinate des Kreismittelpunktes";
       TASK = enter_y_task
     END

     r_item := INT_FIELD:
       OUTLINE = on;
       FONT = "std";
       PROMPT = "   Enter radius: ";
       PROMPT_FONT = "std";
       HELP_TEXT = "Eingabe des Kreisradius";
       TASK = enter_r_task
     END) ;
  SIZE = ((100 100) (400 400) (600 600)) pixels
END

popup := POPUP:                 { Eigentliche Definition des Pop-Up-Menüs }
  ATTACHED_TO = graphics_item;   { soll über Graphik Feld aufgeblendet }
  CONTENTS = popup_contents;                        { werden }
  LEAVE => <popup_menu COMP; popup POPDOWN> { popup_menu Task }
END           { soll beim Wegblenden des Pop-Up-Menüs aktiviert werden }


window := STD_WINDOW:
  CONTENTS = row_with_menu_and_graphic  { Definition des Windowinhalts }
END
END.
```

6.3.4. Das Desktop-System DIATOOLS

6.3.4.1. Übersicht

Die DIATOOLS wurden auf einer Apollo-Workstation von SIE-
MENS als Entwicklungs-Hilfswerkzeug für ein komplexes System
entwickelt. DIATOOLS wird seit Anfang 1989 als ein
leistungsfähiges UIMS am Markt angeboten. Die Entwickler von
DIATOOLS haben erkannt, daß die Einsatzfähigkeit und Akzeptanz
von Software-Entwicklungsumgebungen stark von der Gestaltung
der Mensch-Maschine-Schnittstelle abhängt.

Bei der Entwicklung von DIATOOLS wurden folgende Forderungen
gestellt:
*   Die Benutzeroberfläche soll im ganzen System einheitlich
    sein.
*   Die Benutzeroberfläche muß schnelle und flexible Interak-
    tionstechniken zur Verfügung stellen.
*   Der Interaktionsstil soll für das gesamte System einheitlich
    sein.

Diese Forderungen bedingen, daß die Werkzeuge zur Dialoggestal-
tung zentral verwaltet werden und ein gemeinsames Modul bilden.
Wie bei Dialogue kann die Benutzeroberfläche unabhängig von der
Applikation entwickelt werden.

Die DIATOOLS bieten eine Anzahl von Werkzeugen zur Gestaltung
von Benutzeroberflächen. Kernstück ist der sogenannte **Dialogmonitor**, der Funktionen zum Öffnen und Schließen von Fenstern, Funktionen für die Erstellung von Menüs oder für die Verwaltung von
Events beinhaltet. Entsprechend den Dialogelementtypen (z.B. Window, Menü, Form oder Palette) werden die typspezifischen Funktionen in den einzelnen Handlern zusammengefaßt.

Um die einzelnen Dialogelemente nicht immer per Programm neu
aufbauen zu müssen, kann in einem Ressource-File die Benutzeroberfläche mit den Funktionen des **Resource Handlers** abgelegt
werden.

Für das interaktive Erzeugen und Testen von Desktop-Objekten wird der **Dialog-Editor** zur Verfügung gestellt. Dieser bildet den hauptsächlichen Mittelpunkt der DIATOOLS, weil er eine interaktive Gestaltung von Benutzeroberflächen zuläßt. Der Dialog-Editor selbst ist eine Anwendung, die auf die Funktionen des Dialogmonitors aufsetzt, mit der zusätzlichen Funktionalität, neue Objekte zu definieren und in einem Resource-File abzuspeichern.

In Abbildung 6-4 werden die Systemkomponenten der DIATOOLS dargestellt:

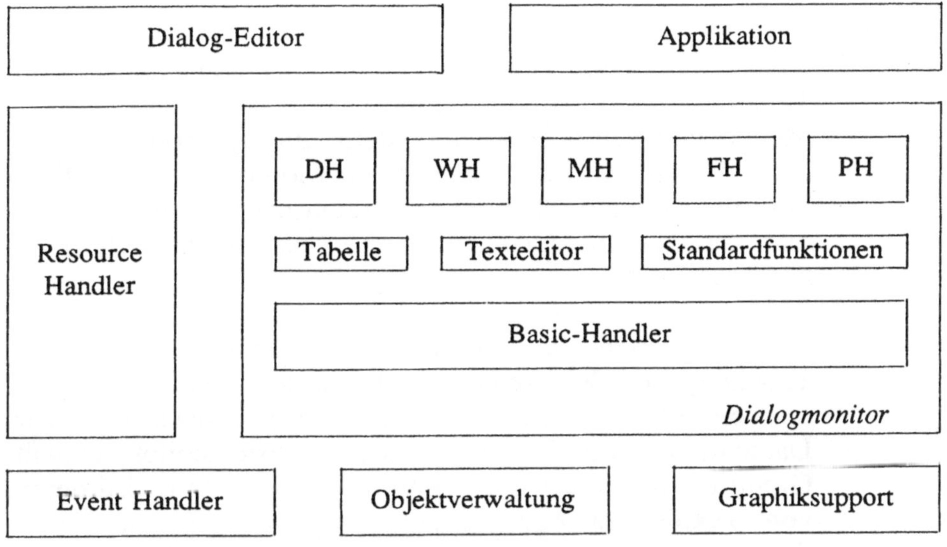

Abb. 6-4. Architektur der DIATOOLS

Die einzelnen Bausteine des Dialogmonitors und deren Aufgaben werden im folgenden kurz erklärt:

- **DH - Desktop Handler:**
  Dieser verwaltet ein Objekt "Schreibtisch". Einer Anwendung ist genau ein Schreibtisch zugeordnet. Der Desktop Handler stellt Funktionen für Aufbau und Verwaltung des "Schreibtisches" zur Verfügung.

- **WH - Window Handler:**
  Dieser ist für Aufbau und Manipulation von Windows verantwortlich. Auf einem Schreibtisch können beliebig viele Fenster definiert werden.

- **MH - Menü Handler:**
  Dieser faßt die Funktionen für den Aufbau und die
  Verwaltung der Menüs zusammen. Es wird zwischen
  Drop-Down-, Pull-Down-, Push-Up- und Pop-Up-Menüs
  unterschieden.

- **FH - Form Handler:**
  Dieser kontrolliert den Aufbau und die Verwaltung von
  Formularen. Die Formulare werden für ergänzende Eingaben bzw. Ausgabe von Meldungen (z.B. Warnformulare)
  verwendet.

- **PH - Paletten Handler:**
  Dieser stellt Funktionen zur Verwaltung von Paletten und
  Toolboxes zur Verfügung. Eine Palette setzt sich aus einer
  Menge von selektierbaren Feldern mit Symbolen zusam-
  men, die die Anwendung in einen Modus versetzen. Eine
  Toolbox ist eine Menge von graphischen Symbolen, die
  man daraus entnehmen und an eine bestimmte Stelle posi-
  tionieren kann.

- **Tabelle - Texteditor - Standardfunktionen:**
  Tabellen sind Werkzeuge zur Definition von Bildschirm-
  masken, z.B. für strukturierte Ein-/Ausgabelisten oder zur
  Darstellung von Tabellen. Der Basistexteditor enthält
  Grundfunktionen zur Bearbeitung von Text (z.B. Editieren
  von Textfeldern bzw. Editor für Fonts). Standardfunktionen sind Kommandos, die in allen Anwendungen vorkommen (z.B. Öffnen und Schließen von Dateien oder
  Ausgabe von Dokumenten am Drucker).

- **BH - Basic Handler:**
  Der Basic Handler stellt die Grundbausteine zur
  Verfügung. Das sind Dialogelemente, die bei mehreren
  Objektklassen (z.B. Schreibtisch, Fenster oder Formular)
  verwendet werden. Mit den Grundbausteinen können u.a.
  Symbolfelder, Aktionsfelder, Rollbalken, Titelbalken oder
  Sizeboxes verwaltet werden.

Alle Dialogelemente der DIATOOLS sind graphische Objekte, die
bestimmte Eigenschaften besitzen. Objekte mit einigen gemeinsamen
Eigenschaften werden in eine Objekt-Klasse zusammengefaßt. Die

Objektverwaltung bietet Funktionen, mit denen man Objekte definieren, bearbeiten und zusammenfassen kann. Der **Graphik-Support** bezieht sich auf einfache Graphik-Routinen, die den Zugriff auf die systemseitig angebotenen Graphik-Routinen erleichtern.

Den Dialogelementen können sogenannte "Action-Routinen" zugeordnet werden. Die Aktivierung solcher Action-Routinen steuert der **Event Handler**, der alle Benutzereingaben, wie Mausbewegungen oder Tastatureingaben, kontrolliert. Der Event Handler identifiziert das betroffene Objekt auf Grund der Cursorposition.

6.3.4.2. Die Entwicklungsumgebung

Der Anwendungsprogrammierer kann mit dem Dialog-Editor die Benutzeroberfläche interaktiv erstellen. Die einzelnen Dialogelemente können innerhalb des Dialog-Editors in einem Testmodus zum Ablauf gebracht werden. Dabei ist es bereits möglich, alle dialogspezifischen Funktionen zu testen, z.B. wenn ein bestimmter Menüeintrag angeklickt wird, muß ein Window geöffnet werden. Dadurch kann man die Benutzeroberfläche, die später einer Anwendung zugeordnet wird, vor der Implementierung einer einzigen Programmzeile beurteilen (*Rapid Prototyping*).

Die Entwicklung einer Anwendung gliedert sich in zwei Phasen:

(1) Definition der Benutzeroberfläche, und diese in ein Ressource-File ablegen.
(2) Implementierung der einzelnen Anwendung.

Die zwingende Verwendung des Dialog-Editors ist nicht vorgegeben. Es bleibt dem Entwickler eines Desktop-Systems freigestellt, sich auf die Funktionen des Dialogmonitors zu beschränken. Das würde aber den Verzicht auf alle Vorteile eines User Interface Management Systems bedeuten.

In den folgenden Kapiteln werden die Werkzeuge des Dialogmonitors und die Funktionsweise des Dialog-Editors erklärt.

6.3.4.3. Der Dialogmonitor

Im wesentlichen setzt sich der Dialogmonitor aus Funktionen zum Aufbau und zur Bearbeitung der einzelnen Dialogelementtypen zusammen. Entsprechend den verschiedenen Dialogelementen werden die Funktionen, die einen bestimmten Dialogelementtyp betreffen, in verschiedenen Handlern zusammengefaßt. Der Dialogmonitor unterscheidet folgende Handler:

- Desktop Handler für das Dialogelement "Schreibtisch"
- Window Handler für das Dialogelement "Fenster"
- Menu Handler für das Dialogelement "Menü"
- Form Handler für das Dialogelement "Formular"
- Palet/Toolbox Handler für die Dialogelemente "Palette" und "Toolbox"
- Der Basic Handler betrifft Dialogelemente, die in mehreren der gerade aufgezählten Dialogelemente vorkommen können.

Zusätzlich steht zur zentralen Steuerung der auftretenden Events der Event Handler zur Verfügung.

Der Schreibtisch

Der Schreibtisch ist der Ausgabebereich und gleichzeitig der logische Rahmen einer Anwendung. In diesem können die Dialogelemente einer Anwendung ausgegeben werden. Auf einem Bildschirm ist es möglich, mehrere Anwendungen gleichzeitig zu starten, jede von ihnen besitzt ihren eigenen Schreibtisch.

Der Schreibtisch ist durch ein spezielles Desktop-Window charakterisiert. Ein Desktop-Window besteht aus einem Titel, einem grauen Schreibtischbereich und einer Menüleiste am oberen Rand des Windows. Weitere Bestandteile sind ein Move-Bar und Size-Boxen am unteren Windowrand. In Abbildung 6-5 ist ein Beispiel eines Schreibtisches gezeigt.

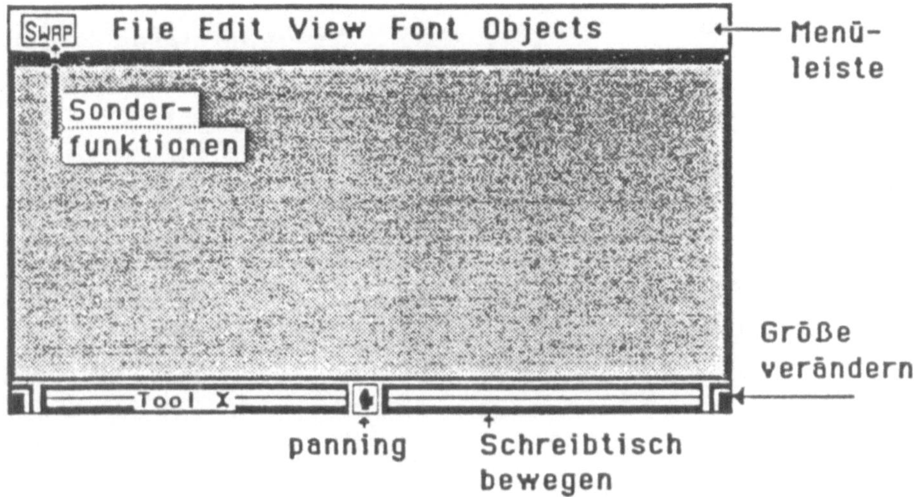

Abb. 6-5. DIATOOLS - Schreibtischelement

"Tool X" ist der Titel dieses Beispiel-Schreibtisches, die "SWAP"-Sonderfunktionen betreffen systeminterne Funktionen, die hier nicht erklärt werden.

Die Fenster

Innerhalb eines Desktop-Windows können ein oder mehrere Fenster aufgeblendet werden. Über den Inhalt dieser Windows ist die Applikation selbst verantwortlich. Ein Window besteht aus einem Basisfenster, dem verschiedene Fensterelemente zugeordnet werden können. Abbildung 6-6 zeigt ein Beispiel-Window, bei dem alle Fensterelemente bereits hinzugefügt sind:

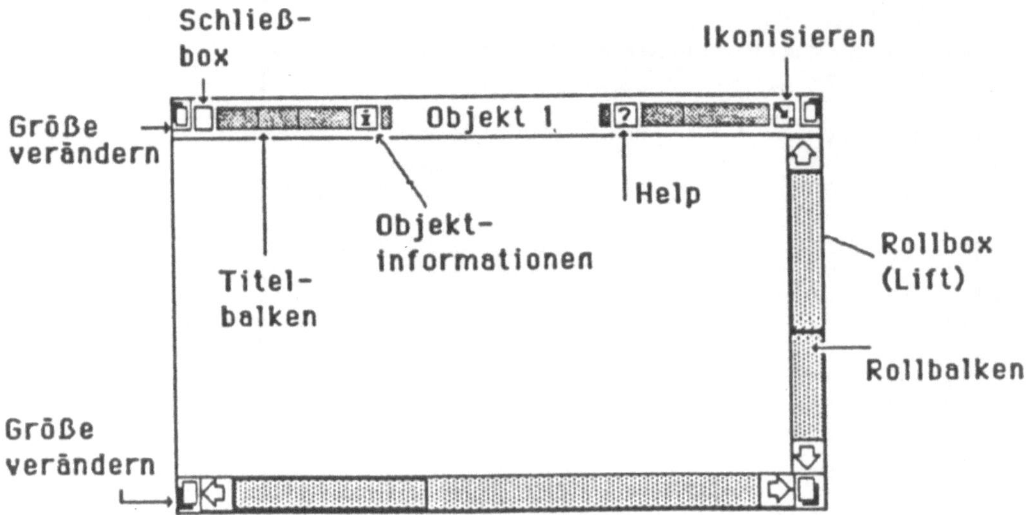

Abb. 6-6. DIATOOLS - Fensterelement

Die Menüs

Das Dialogelement "Menü" kann auf verschiedene Arten eingesetzt werden:

- Als *Drop-Down-Menü* wird jenes bezeichnet, dessen Überbegriff in der Menüleiste zu finden ist und aufgeblendet wird, wenn der Cursor mit dem Überbegriff überlappt.
- Als *Pull-Down-* und *Push-Up-Menü* werden jene bezeichnet, die durch Anklicken des Überbegriffes nach unten bzw. oben aufgeklappt werden.
- Das *Pop-Up-Menü* wird an der Stelle aufgeblendet, wo sich der Mauscursor gerade befindet, wenn die mittlere Maustaste gedrückt wird.
- Als *Submenü* (Kaskade) wird jenes bezeichnet, dessen Initialfeld ein Menüeintrag eines anderen Menüs ist.

Abbildung 6-7 zeigt ein Drop-Down-Menü und eine Menü-Kaskade.

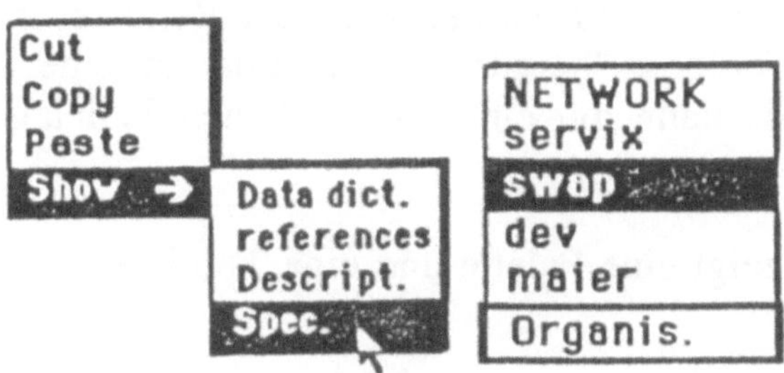

Abb. 6-7. DIATOOLS - Menüelement

Die Formulare

Formulare werden zur speziellen Benutzerinformation herangezogen. Sie werden z.B. für die Eingabe von Parametern oder für Meldungen verwendet. Es gibt *modale* und *nicht modale Formulare*.

Bei beiden Typen gibt es Dialogformulare, in denen Benutzereingaben (z.B. Parameter) erlaubt sind. Warnformulare unterstützen nur die Ausgabe von Meldungen und können auch eine Entscheidung des Benutzers entgegennehmen (z.B. Rückmeldung an das System, ob man wirklich löschen will).

Ein modales Formular versetzt die Anwendung in einen bestimmten Zustand. Es verlangt zwingend eine Eingabe des Benutzers. Eine andere Aktion ist vor dieser Eingabe nicht möglich.

Die nichtmodalen Formulare werden wie Windows behandelt und zwingen den Benutzer nicht zu einer Eingabe. Sie bieten dem Benutzer zusätzliche Informationen und Möglichkeiten zur Eingabe.

Die Palette und die Toolbox

Die Palette ist eigentlich ein Menü, mit dem bestimmte Modi eingestellt werden können, z.B. bei Zeichenprogrammen wird bei Anklicken des Radierer-Symbols der Löschmodus eingestellt.

Die Toolbox unterscheidet sich optisch nicht von der Palette. Mit ihr
stellt man aber keine Modi ein, sondern der Benutzer kann die Symbole aus der Toolbox "herausnehmen" und an eine andere Stelle
positionieren. Sie kann mit einem unendlichen Teilelager verglichen
werden.

Abbildung 6-8 zeigt eine Palette und eine Toolbox:

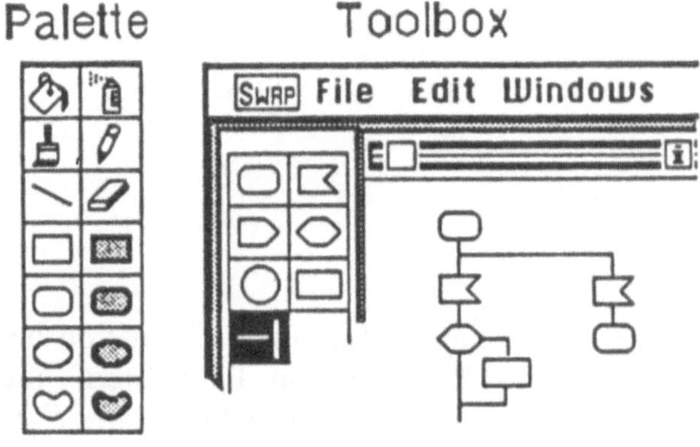

Abb. 6-8. DIATOOLS - Palette und Toolbox

Die Grundbausteine

Mit den Elementen der Grundbausteine hat der Benutzer einfache
Dialogelemente zur Verfügung. Teilweise beinhalten bereits
beschriebene Dialogelemente, wie Formulare oder Windows, einige
Grundbausteine.

Grundbausteine sind z.B.
-     editierbare oder fixe Textfelder, z.B. bei Formularen,
-     Aktionsknöpfe, mit denen eine bestimmte Aktion ausgelöst
      werden kann,
-     Scroll-Bars, z.B. bei Windows.

6.3.4.4. Der Dialog-Editor

Die in den letzten Kapiteln beschriebenen Dialogelemente von DIA-
TOOLS können mit dem Dialog-Editor interaktiv kreiert und in
Zusammenhang gebracht werden. Mit dem Dialog-Editor wird DIA-
TOOLS zu einem leistungsfähigem User Interface Management Sy-
stem aufgewertet.

Der Dialog-Editor kennt zwei Zustände:

- Definitionsmodus: In diesem Zustand kann der Benutzer
  seine individuelle Benutzeroberfläche mit den vom
  Dialog-Editor angebotenen Bausteinen gestalten. Die auf
  diese Weise erstellte Benutzeroberfläche wird in einem
  Ressource-File gesichert und kann zur Laufzeit der Applikation aktiviert werden.

- Testmodus: Die im Definitionsmodus erstellte Benutzeroberfläche kann in diesem Modus sofort getestet werden.

Der Definitionsmodus

Nach dem Starten des Dialog-Editors befindet sich der Benutzer im
Definitionsmodus. Mit den verschiedenen Menüs im Menü-Bar wird
der Dialog-Editor bedient. Das Layout des Dialog-Editors wird in
Abbildung 6-9 skizziert:

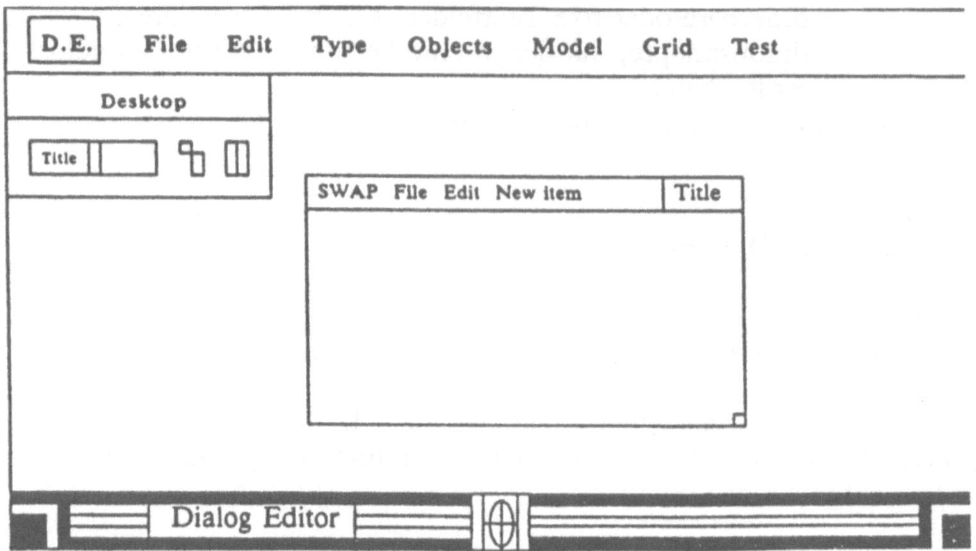

Abb. 6-9. Dialog-Editor

Bevor der Benutzer mit dem Dialog-Editor arbeiten kann, muß ein
Resource-File eröffnet werden. Die Funktionen dafür sind in dem
Menü mit dem Überbegriff "File" zu finden. Jede Applikation ist
einem bestimmten Resource-File zugeordnet, in dem sich alle
Dialogelemente befinden.

Nach Laden des Resource-Files können neue Dialogelemente kreiert
werden. Aus dem Menü "Type" kann man sich für einen bestimmten
Dialogtyp entscheiden, z.B. Desktop, Window, Form, Palette, Toolbox, Menü-Bar und Menü. Nach der Auswahl eines Dialogtyps wird
an der linken Kante des Schreibtisches eine Toolbox für das
jeweilige Dialogelement aufgeblendet. In Abbildung 6-9 ist eine
Toolbox für das Dialogelement "Schreibtisch" sichtbar. Man sieht,
daß für die Definition eines Schreibtisches bestimmte Bausteine vorgegeben sind: Ein Kontrolleiste, Scrollbar und Size-Box. Durch die
Vorgaben der Gestaltungselemente für die Dialogelemente ist ein
einheitliches Layout sichergestellt, z.B. wenn mehrere Anwendungen
gleichzeitig am Bildschirm aufgeblendet sind, so hat jedes Desktop-
Window ein ähnliches Layout und dieselbe Bedienphilosophie.

Hat sich der Benutzer für einen bestimmten Dialogelementtyp entschieden, kann er aus dem Menü "Objects" die speziellen Dialogelemente auswählen. Mit dem Menüeintrag "New" kann man ein neues Dialogelement bearbeiten, die bereits definierten Elemente kann man zusätzlich aus diesem Menü auswählen. Das ist ein wesentlicher Punkt des Dialog-Editors: Der Benutzer muß sich nicht die Namen der einzelnen Objekte merken und diese dann extra angeben, wie es bei vielen anderen Systemen üblich ist, sondern kann die Objekte, die bereits definiert sind, aus einem Menü selektieren. Dadurch hat der Benutzer immer Übersicht, welche Objekte gerade zur Verfügung stehen. Diese Eigenschaft findet man auch, wenn man zwischen bereits definierten Objekten Beziehungen herstellen will. Wenn z.B. einem Menüüberbegriff ein Menü zugeordnet werden soll: Das Menü, das man zuordnen will, kann man aus einem Menü mit allen bereits bekannten Menü-Dialogelementen auswählen.

Mit einem Eintrag des Menüs "Model" lädt der Dialog-Editor ein anderes Ressource-File. Dieses kann zwar nicht bearbeitet werden, aber der Benutzer kann bereits in diesem Ressource-File definierte Dialogelemente kopieren. Weitere Hilfsmittel sind z.B. das Einstellen eines Rasters, der ein genaueres Positionieren ermöglicht. Die Einträge für die Rasterfunktionen findet man im Menü "Grid". Mit dem Menüeintrag des Menüs "Test" kann der Benutzer den Testmodus einschalten.

Die Bedienphilosophie beim Bearbeiten eines Dialogelements soll an folgendem Beispiel erklärt werden: Abbildung 6-10 zeigt die Toolbox für das Gestalten eines Windows und ein Window:

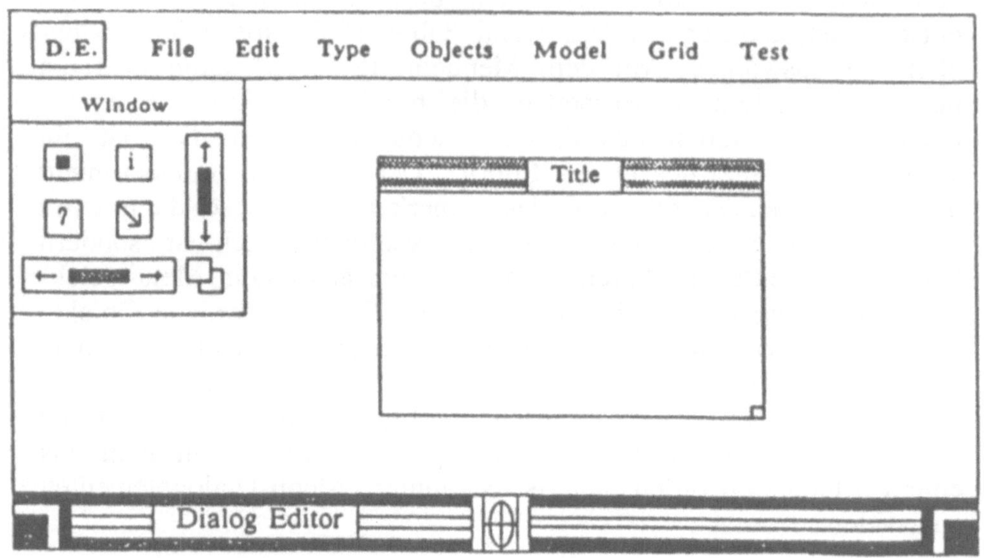

Abb. 6-10. Window - Definition

Die einzelnen Dialogelemente werden in der Toolbox angeklickt, die
Maustaste wird dabei nicht losgelassen, und zum Window
"getragen" (s. Kap. 2.1.2.: Draggen!). Für jedes Dialogelement und
für das Window selbst gibt es weitere Bestimmungsstücke, die der
Benutzer angeben kann, z.B. Name, Anfangsposition, oder Löschen
des Objektes. Jedem Objekt sind dabei typspezifische Parameter
zugeordnet. Die Parameter können aus einem Pop-Up-Menü
ausgewählt werden. Dieses Pop-Up-Menü kann zu jedem Dialogelement aufgeblendet werden, z.B. für das ganze Window (Name,
Größe) und für die Dialogelemente des Windows (Titelzeile, Help-
Box). Das Pop-Up-Menü wird aufgeblendet, wenn man das
dementsprechende Dialogelement zuerst selektiert und dann die
mittlere Maustaste drückt.

Es bleibt jetzt nur noch die Frage offen, wie wird bei DIATOOLS
die Applikationsschnittstelle realisiert? Diese kann man auch interaktiv im Dialog-Editor definieren. Die Angabe sogenannter *Actions*
kann man auch aus dem Pop-Up-Menü des gerade bearbeiteten
Objekts auswählen. Darauf wird ein Formular aufgeblendet, in das
man *Action-Routinen* per Namen eintragen kann. Die Namen
entsprechen den Unterprogrammnamen in der Applikation. Abbildung 6-11 zeigt das Formular für die Action-Routinen des

Windows. Zum Beispiel wird die Activate-Action beim Aufblenden des Windows aufgerufen, die Event-Action wird aktiviert, wenn man mit der Maus im Window klickt.

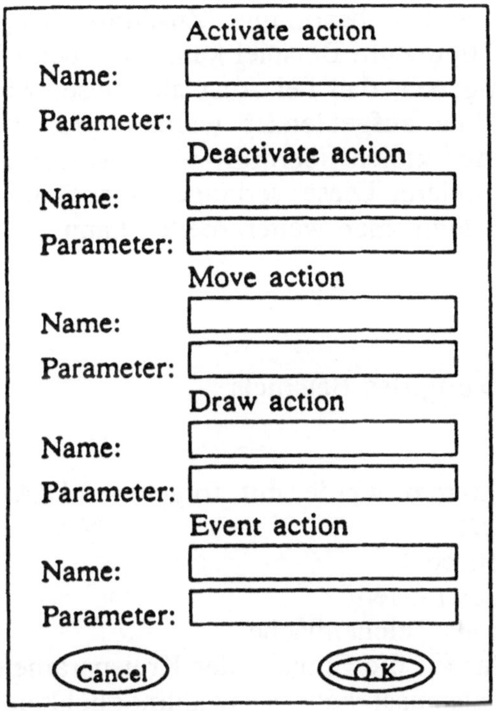

Activate action

Name: [______________]

Parameter: [______________]

Deactivate action

Name: [______________]

Parameter: [______________]

Move action

Name: [______________]

Parameter: [______________]

Draw action

Name: [______________]

Parameter: [______________]

Event action

Name: [______________]

Parameter: [______________]

(Cancel)   (O.K)

Abb. 6-11. Action-Routinen des Fensters

Der Testmodus

Im Testmodus kann man die erstellten Dialogelemente testen. Nach dem Einschalten präsentiert sich der gerade definierte Schreibtisch, wie er sich dem Benutzer beim Ablauf der Applikation zeigt. Es sei hier nocheinmal vermerkt, daß dazu die dazugehörige Applikation nicht existieren muß.

Der Menü-Bar des Schreibtisches wird durch ein Menü erweitert, aus dem man alle weiteren Dialogelemente (das Dialogelement Schreibtisch ist ja bereits sichtbar) auswählen und den Testmodus wieder ausschalten kann. Wenn jetzt in dieser Weise ein Window oder Formular aufgeblendet wird, dann steht dieses bereits an der richtigen Stelle im Schreibtisch-Window. Man kann diese Position auch im Testmodus verändern, wenn man das Window einfach verschiebt, und diese Änderung nach Verlassen des Testmodus auch abspeichert.

Im Testmodus werden bestimmte Zusammenhänge des Dialogs bereits berücksichtigt. Zum Beispiel kann man beim Definieren eines Menüeintrages angeben, daß bei Auswahl dieses Menüeintrages ein bestimmtes Window aufgeblendet werden soll. Diese Zuordnung kann im Testmodus gleich überprüft werden. Ein weiteres Beispiel sind modale Formulare. Diese verlangen schon im Testmodus eine Benutzereingabe, damit man weiterarbeiten kann.

6.3.4.5. Realisierung des Beispiels

Das Beispielprogramm wurde mit folgenden DIATOOLS Dialogelementen realisiert:
- Schreibtisch
- Drop-Down-Menü
- Fenster als Zeichenfläche
- Formular für die Eingabe der Kreisparameter
- Palette als zusätzliche Auswahlmöglichkeit

Abbildung 6-12 zeigt eine Skizze für das Layout des Beispielprogramms:

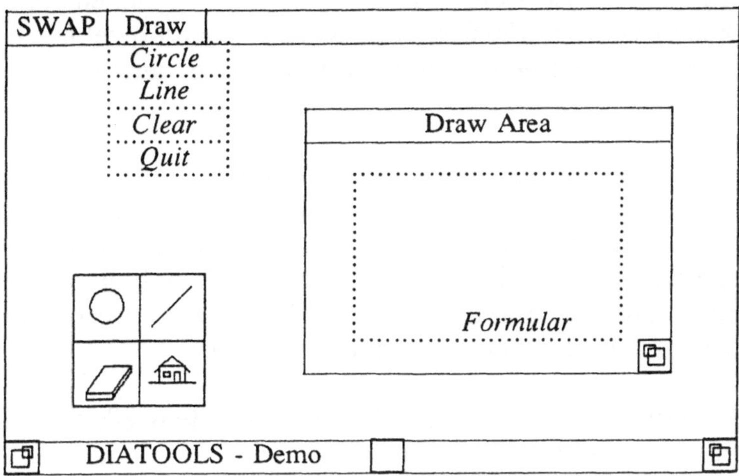

Abb. 6-12. Layout des Beispielprogramms mit DIATOOLS

Die Benutzeroberfläche, die in Abbildung 6-12 skizziert ist, wurde
mit dem Dialog-Editor erstellt. Zuerst wurde der Schreibtisch mit
der Bezeichnung "DIATOOLS - Demo" definiert, dann wurde das
Fenster mit der Bezeichnung "Draw Area" für die Zeichenfläche und
das Formular für die Eingabe der Bestimmungsstücke des Kreises
definiert. Das Formular ist in der Skizze punktiert gezeichnet, weil
es nur zu dem Zeitpunkt über dem Fenster aufgeblendet ist, wenn
der Benutzer die Kreiskoordinaten eingibt. Wichtig ist, daß für das
Fenster und für das Formular beim Definieren ein Name angegeben
wird, über den das Objekt während der Arbeit mit dem Dialog-
Editor und später in der Applikation ansprechbar ist. Das Fenster
und das Formular wurden mit den nötigen Dialogelementen aus den
Toolboxen ausgestattet.

Für die Auswahl der vier Aktionen wurde ein Menü mit den
Einträgen "Circle", "Line", "Clear" und "Quit" erstellt. Den einzelnen Einträgen wurde der Name der Action-Routine mitgeteilt, z.B.
wenn der Benutzer "Line" auswählt, wird von der Applikation das
Unterprogramm "line_action" ausgeführt.

Dieses Menü wurde dem Menü-Bar zugeordnet. Pro Applikation ist
nur ein Menü-Bar zulässig. Alle anderen Default-Einträge im
Menü-Bar wurden gelöscht.

Als Fleißaufgabe ist eine Palette, mit den gleichen Auswahlsmöglichkeiten wie im Menü erstellt worden. Den einzelnen Palettenfeldern werden dieselben Action-Routinen wie den Menüeinträgen zugeordnet.

Im Testmodus kann man nach der Definition gleich das Layout der eben definierten Benutzeroberfläche testen. Dabei wurde z.B. gleich bemerkt, daß die Größe des Schreibtisches im Verhältnis zur Windowgröße viel zu klein ist. Dieses Problem konnte gleich im Testmodus durch interaktives Vergrößern bzw. Verkleinern des Schreibtisches und des Fensters behoben werden.

Erst nachdem die Benutzeroberfläche zufriedenstellend mit dem Dialog-Editor erstellt war, wurde mit der Implementierung der Applikation mit der Programmiersprache C begonnen.

6.4. Vergleich

Die beiden Systeme Dialogue und DIATOOLS werden in diesem Kapitel miteinander verglichen. Dabei soll man nicht nur die Vorteile und Nachteile dieser beiden speziellen Systeme betrachten, sondern allgemein den Unterschied zwischen einer Beschreibungssprache und dem interaktiven Erzeugen von Benutzeroberflächen mit einem Dialog-Editor beurteilen.

Die Anforderungen an ein UIMS, die in Kap. 6.2.3. gestellt wurden, sind bei beiden Systemen größtenteils erfüllt worden. Sowohl Dialogue, als Beispiel einer Beschreibungssprache, als auch DIATOOLS, als Beispiel für das interaktive Erzeugen von Benutzeroberflächen, sind eigenständige Module, mit denen die Benutzerschnittstelle zentral verwaltet werden kann. Bei beiden Systemen kann man den Dialog individuell gestalten, mit dem Dialog-Editor können auch unerfahrene Benutzer die Dialoggestaltung leicht selbst durchführen. Im folgenden werden einige gemeinsame Punkte aufgezählt (s. Kap. 6.2.3.):

- Beide Systeme stellen Bausteine zur Verfügung, mit denen das Bildschirmlayout gestaltet werden kann.
- Beide Systeme unterstützen Helpmechanismen. Bei Dialogue kann die Ausgabe von kurzen Helpinformationen besonders leicht realisiert werden (s. Kap. 6.3.3.3.).
- Beide Systeme unterstützen das Definieren von Ikonen mit einem Editor.
- Beide Systeme unterstützen eine Liste von Unterprogrammen, die Einträge für Unterprogrammnamen beinhalten. Abhängig von Benutzereingaben wird ein bestimmtes Unterprogramm in der Applikation aufgerufen.
- Beide Systeme sind eventgesteuert.

Durch eine Beschreibungssprache ist es schwieriger, sich in ein System einzuarbeiten. Wie bereits bei der Beschreibung von Dialogue erwähnt wurde, wird ein Benutzer nur sehr selten eine Änderung der Benutzerschnittstelle selbst durchführen, weil der Aufwand für das Erlernen der Beschreibungssprache zu groß ist.

Bei der interaktiven Gestaltung der Benutzeroberfläche kann der Benutzer ohne Einschulungszeit oder Studium von dicken Beschreibungen Änderungen an der Benutzeroberfläche vornehmen. Ein einfaches Beispiel ist folgendes: Ein Benutzer will nicht nur in der rechten unteren Ecke des Windows eine Size-Box, wie es im "Draw-Window" des Beispielprogramms realisiert ist. Im Dialog-Editor nimmt er einfach aus der Toolbox für die Fenster das Size-Box Dialogelement heraus, indem er mit der Maus das gewünschte Element in der Toolbox selektiert und es in die linke untere Ecke des Fensters plaziert. Der Dialog-Editor läßt sich mit der allgemeinen Bedienphilosophie wie jede Anwendung bedienen. Die interaktive Gestaltung der Benutzeroberfläche kann auch von weniger geübten Benutzern vorgenommen werden, weil diese ohne viel Mehraufwand den Dialog-Editor bedienen können, wenn sie mit den allgemeinen Prinzipien des Desktop-Systems vertraut sind.

Bei DIATOOLS stimmen das Layout und die Bedienphilosophie mit den auf den heute üblichen Benutzeroberflächen überein. Es können die einzelnen Dialogobjekte frei wählbar vom Benutzer an eine beliebige Position gestellt werden. Dabei verwendet er die bei Desktop-Systemen üblichen Eingabe- und Positioniergeräte und sieht am Bildschirm sofort die Reaktion auf seine Eingaben. Diesen Vorteil wird ein Benutzer beim Arbeiten mit einem Dialog-Editor immer genießen können. Dagegen ist bei Dialogue das Layout der einzelnen Fenster fix vorgegeben. Man kann z.B. nicht einzelne Fenster verschieben oder vergrößern, weil diese automatisch von Dialogue an eine feste Position gebunden sind. Das hat den Vorteil, daß man sich nicht um die Darstellung am Bildschirm kümmern muß. Es wäre auch zu mühsam, wenn man Platzangaben bei einer Beschreibungssprache verwenden müßte. Aus diesem Grund sind bei Dialog-Beschreibungssprachen immer Einschränkungen zu erwarten.

Die Darstellung aller Dialogelemente ist bei Dialogue einheitlich: Sie sind in einem Window mit einer eckigen oder runden Umrahmung dargestellt. Diese Einschränkung ergibt sich wieder durch die Beschreibungssprache, bei Systemen mit Dialog-Editoren kann das Layout eines jeden Dialogelementes individuell gestaltet werden.

Durch den Testmodus des Dialog-Editors kann eine Benutzeroberfläche sofort ausprobiert werden, ohne daß irgendeine Zeile der dazugehörigen Applikation bereits implementiert ist. Ein Rapid Prototyping ist also möglich. Bei Dialogue kann mit der Existenz des Beschreibungsfiles allein kein Test der Benutzeroberfläche gemacht werden. Ein Grundgerüst der Applikation muß bereits realisiert sein, d.h. daß z.B. die Warteschleife für die Events implementiert sein soll, die Unterprogramme, deren Name bei den "Tasks" angegeben werden, brauchen aber noch nicht fertiggestellt sein. Dieser Nachteil von Dialogue bezieht sich aber nicht auf die Beschreibungssprache, technisch wäre die Realisierung eines Testmodus auch bei Verwendung von Beschreibungssprachen möglich.

Weiters kann man bei Dialogue keine Zusammenhänge definieren. Wenn z.B. ein Menüeintrag selektiert wird, dann soll ein bestimmtes Window aufgeblendet werden.

Bei der Entwicklung des Beispielprogramms ist man bei beiden Systemen von der Entwicklung des Dialogteils ausgegangen. Die interaktive Gestaltung der Benutzeroberfläche konnte bei DIATOOLS ohne Lernphase sofort durchgeführt werden. Wenn man als DIATOOLS Anwender auch mit der Bedienphilosophie von anderen Desktop-Systemen vertraut ist, dann kann man sicher die Benutzeroberfläche sofort und ohne irgendeine Einschulung mit dem Dialog-Editor definieren. Auch der ungeübte Benutzer braucht durch den Dialog-Editor keine zusätzliche Einschulungszeit, weil er die in der Einschulungszeit erworbenen Erkenntnisse auch für den Dialog-Editor verwenden kann. Bei Dialogue muß auch ein geübter Anwender einen Blick in die Unterlagen werfen und die Syntax der Beschreibungssprache erlernen.

Der Entwicklungsaufwand für die Implementierung der Anwendungsprogramme ist bei beiden Systemen etwa gleich. Man muß bei beiden die einzelnen Unterprogramme (Action-Routinen bei DIA-TOOLS, bei Dialogue Angabe der "CALL-Routine" bei der Taskdefinition) implementieren, und hat bei der Realisierung etwa die gleichen Probleme zu lösen.

An Hand des Vergleiches kann man schließen, daß man die Benutzerschnittstelle unbedingt interaktiv kreieren können soll. Eine Beschreibungssprache erreicht zwar dasselbe Ziel, die Benutzerschnittstelle von der Anwendung zu trennen, ist aber nicht so komfortabel zu verwenden wie ein Editor.

Durch die Entscheidung von OSF (s. Kap. 5.8.) für eine Standard-Benutzeroberfläche ist zu erwarten, daß in naher Zukunft ein Standard-Dialog-Editor in der X-Umgebung entwickelt werden wird.

7. Zusammenfassung

Wenn Sie sich, lieber Leser, von der Einleitung bis hier her durchgekämpft haben, haben Sie einige typische Verfahrensweisen kennengelernt, wie sich Dialogoberflächen dem Benutzer präsentieren, was dahinter steckt und welche Ziele dabei angestrebt werden.

Graphische Benutzeroberflächen werden in Zukunft auf den meisten Rechnern zu finden sein, und zusätzlich zur Tastatur werden weitere Eingabegeräte, z.B. die Maus, unentbehrlich sein. Dadurch wird für einen Anwender das Arbeiten mit dem Computer erleichtert, er wird weniger Zeit für die Einschulung benötigen und beim Arbeiten mit dem Desktop-System sicher schneller arbeiten können.

Durch die Möglichkeit des Rapid Prototypings kann der Systementwickler den späteren Benutzer früh in den Entwicklungsprozeß miteinbeziehen. Es gibt schon einige Systeme, mit denen man die Benutzeroberfläche mit Editoren interaktiv gestalten kann. Der Dialog-Editor der DIATOOLS (s. Kap. 6.3.4.4.) ist hier als ein repräsentatives Beispiel zu nennen. Das Rapid Prototyping wird sich in der nächsten Zeit durchsetzen und ein unentbehrliches Hilfsmittel bei der Entwicklung von Desktop-Systemen werden.

Ein Ziel, das sicher nicht nur bei der Entwicklung von Desktop-Systemen angestrebt wird, ist auch die Entwicklung von Applikationen mit interaktiven Hilfsmitteln. Der Programmieraufwand wird auf diese Weise auf ein Minimum herabgesetzt und kann daher auch von weniger erfahrenen Entwicklern durchgeführt werden. Diese Methode hat den Vorteil, daß man nicht mehr eine bestimmte Sprache lernen muß, sondern dialoggesteuert mit Maus, Windows und Menüs eine Beschreibung für den Applikationsablauf zusammensetzen kann.

Unabhängig davon, mit welcher Anwendung man sich gerade beschäftigt, wird der Benutzer eines Desktop-Systems immer mit ähnlichen Voraussetzungen zu tun haben. Das trifft auf Desktop-Systeme, die auf das Betriebssystem aufsetzen, und auf allgemeine Anwendungen wie Zeichenprogramme oder Editoren zu. Die markantesten Gemeinsamkeiten sind Menüs, Windows und die Maus bzw. andere graphische Eingabegeräte. Diese Dialogelemente lassen sich mit der desktopspezifischen Bedienphilosophie bedienen, die aber bei den meisten Systemen sehr ähnlich ist.

Mit diesen Mitteln wird für den Benutzer eine graphische Umgebung angeboten, die die herkömmliche Arbeit am Schreibtisch möglichst gut simuliert. Auf Grund des Gedankens, die Computerarbeit an die für einen Menschen gewohnte Umgebung anzupassen, wird in Zukunft die Sprach-Ein- und -Ausgabe an Bedeutung gewinnen. Das Problem bei dieser Technik liegt einerseits an der Realisierung der Spracheingabe (man bedenke, daß jeder Mensch eine individuelle Ausdrucksweise hat, die der Computer richtig verstehen muß), bzw. am Menschen selbst, der jetzt den Befehl nicht mehr eintippen, sondern aussprechen muß. Daraus ist zu schließen, daß Sprach-Ein- und -Ausgabe die herkömmlichen Benutzeroberflächen nicht ersetzen, aber unterstützen wird.

Bei all diesen Überlegungen darf man den Computer als Kommunikationspartner nicht überbewerten, sondern ihn als Werkzeug für die eigene Kreativität betrachten!

Literaturverzeichnis

[BEN86]   J. L. Bennett
Tools for Building Advanced User Interfaces
IBM Systems Journal (1986), Vol. 15,
No. 3/4

[BOO83]   G. Booch
Software Engineering with ADA
Benjamin/Cummings Publishing Company (1983)
CA 94025

[BUN85]   Bundesministerium für soziale Verwaltung
Belastung und Beanspruchung bei Bildschirmarbeit
Kammer für Arbeiter und Angestellte für Wien,
Enquete vom 7. März 1985

[BUX83]   W. Buxton, M. R. Lamb, D. Sherman, C. C. Smith
Toward a Comprehensive User Interface Manage-
ment System
Computer Graphics (July 1983), Vol. 17, No. 3,
S. 35-42

[COR88]   J. McCormack, P. Asente, R. R. Swick
X Toolkit Intrinsics - C Language X Interface,
X Window System, X Version 11, Release 2
Digital Equipment Corporation, MIT (1988)

[DOM87]   DOMAIN/Dialogue
Getting Started with DOMAIN/Dialogue
Apollo-Computer Inc. (1987)

[DOM87]   DOMAIN/Dialogue
The DOMAIN Dialogue User's Guide
Apollo Computer Inc. (1987)

[ESE87]   Eser, Müller
Gegenüberstellung von DIALOGUE und DIA-
MON, zwei Werkzeugen zur Gestaltung von Be-
nutzungsoberflächen
SIEMENS (1987)

[FOL87]   J. D. Foley
Neuartige Schnittstellen zwischen Mensch und
Computer
Spektrum der Wissenschaft (Dezember 1987),
S. 98-106

[GEM85]   Digital Research Inc.
GEM-Desktop
Digital Research Inc. (1985) 60 Garden Court,
P.O. Box DRI, Monterey, CA 93942

[GRE85]   M. W. Green
The Design of Graphical User Interfaces
Technical Report CSRI-170, April 1985
Computer Systems Research Institute, University of
Toronto, Canada, MSS1A1

[GRE86]   M. W. Green
A Survey of Three Dialogue Models
ACM, Transaction of Graphics (July 1986),
Vol. 5, No. 3, S. 244-275

[GUL84]   J. Gulbins
UNIX - Eine Einführung in UNIX, seine Begriffe
und seine Kommandos
Springer-Verlag, Berlin Heidelberg New York
Tokyo (1984)

[HAC87]   P. A. Hack
          The Advantages of X
          Computer Graphics World (August 1987), S. 57-60

[HOE87]   A. Höglauen
          Setzen und Drucken auf dem Schreibtisch
          Computer Persönlich (4.2.1987), S. 70-73

[HOP86]   F. R. A. Hopgood, D. A. Duce, E. V. C. Fieldung,
          K. Robinson, A. S. Williams
          Methodology of Window Management
          Springer-Verlag, Berlin Heidelberg New York
          Tokyo (1986)

[HOR88]   A. Horejs
          Spezifikation symbolischer Benutzerschnittstellen -
          Dissertation
          TU-Wien, Institut für praktische Informatik (1988)

[HUB87]   H. P. Huber, M. Autrata
          X-Windows - Das Unix-Window-System?
          Unix/Mail 5 (1987), S. 6-11

[IBM87]   IBM
          IBM-System Anwendungsarchitektur
          Die einheitliche Gesamtlösung im Unternehmen
          IBM Information (1987)

[KAI88]   Kaiserswerth, Haberer, Manhart
          Gegenüberstellung verschiedener Tools zur
          Generierung von Benutzungsoberflächen
          SIEMENS (1988)

[KUP82]   I. Kupka, S. Maass, H. Oberquelle
          Kommunikation in Mensch-Rechner-Dialogen
          In: Informatik Fachberichte, Vol. 57, S. 211-230
          Springer-Verlag, Berlin Heidelberg New York
          (1982)

[LEM83]   P. Lemmons
           Microsoft Windows, A Mouse With Modest
           Requirements
           BYTE Publications Inc. (December 1983), S. 48-54

[LEW88]   G. Lewis
           AT&T's Dark Horse in the User-friendly Derby
           Business Week (May 1988), S. 107-108

[LIE85]   H. Lieberman
           There's More to Menu Systems Than Meets the
           Screen
           Siggraph (July 1985), Vol. 19, No. 3, S. 181-189

[LIP87]   M. Lippert
           SUN Workstations: Roß und Reiter passen zusam-
           men
           Mini Micro Magazin 3 (1987)

[MYE86]   B. A. Myers, W. Buxton
           Creating Highly Interactive and Graphical User
           Interfaces by Demonstration
           Siggraph (July 1986), Vol. 19, No. 3, S. 249-258

[NYE87]   A. Nye
           Programming Manual for Version 11 Release 1 of
           the X Window System
           O'Reilly & Associates, Inc. (1987)

[NYE87]   A. Nye
           Programming Reference for Version 11 Release 1
           of the X Window System
           O'Reilly & Associates, Inc. (1987)

[OAE84]   Österreichische Arbeitsgemeinschaft für Ergonomie
           Ergonomische Gestaltung von Arbeitsplätzen und
           Betriebsmitteln
           Österreichische Arbeitsgemeinschaft für Ergonomie,
           Seminar Wien 1984

[OEN83] Ö-Normen A 2611
Bildschirmarbeitsplätze in der digitalen Daten- und
Textverarbeitung; A2630 Teil 1-3, Ausgabe 1983

[OLS83] D. R. Olsen Jr., E. P. Dempsey
SYNGRAPH: A Graphical User Interface Genera-
tor
Computer Graphics (July 1983) Vol. 17, No. 3,
S. 43-50

[OLS84] Dan R. Olsen Jr.
Pushdown Automata for User Interface Manage-
ment
ACM, Transaction of Graphics (July 1984), Vol. 3,
No. 3, S. 177-203

[OLS85] D. R. Olsen Jr., E. P. Dempsey, R. Rogge
Input/Output Linkage in a User Interface Manage-
ment
Siggraph (July 1985), Vol. 19, No. 3, S. 181-189

[PFA83] G. E. Pfaff
User Interface Management Systems
Springer-Verlag, Berlin Heidelberg New York
Tokyo (1983)

[PFE88] B. Pfeiffer
Das X Window System
Design & Elektronik, Ausgabe 5 (1.3.1988),
S. 134-138

[PUR86] W. Purgathofer
Graphische Datenverarbeitung, 2. Auflage
Springer-Verlag, Wien New York (1986)

[RAU87] F. Raudszus
Flexibel kommunizieren
Markt & Technik Nr. 6 (1987), S. 80-84

[RIS86]   V. Risak
           Mensch-Maschine-Schnittstelle in Echtzeitsystemen
           Springer-Verlag, Wien New York (1986)

[ROS86]   P. Rosenbeck
           Das Betriebssystem des Atari ST
           c't (1986), Heft 5, S. 74-77

[SCA88]   T. Scannell
           X Window Standard Wins Support, Not Products
           Mini-Micro Systems (February 1988), S. 29-30

[SCH84]   H. Schauer, M. J. Tauber
           Psychologie der Computerbenutzung
           Schriftenreihe der österreichischen Computer-
           gesellschaft, Band 22, R. Oldenbourg, Wien
           München (1984)

[SCO87]   C. Scott, N. Felisiak
           Portable Windows
           Systems International (February 1987), S. 77-78

[SIB86]   John L. Sibert, William D. Hurley, Theresa W.
           Bleser
           An Object Oriented User Interface Management
           System
           Siggraph (August 1986), Vol. 20, No. 4, S. 259-
           268

[SIE80]   Ergonomie am Bildschirmarbeitsplatz
           SIEMENS (1980)

[SIE83]   Kommunikations-Ergonomie, Benutzerfreundliche
           Anwenderprogramme in Maskentechnik
           SIEMENS (1983)

[SIE87]   Softwarearbeitsplatzsystem -
           Werkzeuge zur Oberflächengestaltung
           Dialogmonitor Systemübersicht
           SIEMENS (1987)

[SIE87]   Softwarearbeitsplatzsystem -
           Werkzeuge zur Oberflächengestaltung
           Dialogmonitor Anwendungsbeschreibung
           SIEMENS (1987)

[SIE87]   Softwarearbeitsplatzsystem -
           Werkzeuge zur Oberflächengestaltung
           Objektverwaltung Anwendungsbeschreibung
           SIEMENS (1987)

[SIE87]   Softwarearbeitsplatzsystem -
           Werkzeuge zur Oberflächengestaltung
           Resourcehandler Anwendungsbeschreibung
           SIEMENS (1987)

[SIE87]   Softwarearbeitsplatzsystem -
           Werkzeuge zur Oberflächengestaltung
           Standardfunktionen Anwendungsbeschreibung
           SIEMENS (1987)

[SIE87]   Softwarearbeitsplatzsystem -
           Werkzeuge zur Oberflächengestaltung
           Texteditorfunktionen Anwendungsbeschreibung
           SIEMENS (1987)

[SIE87]   Softwarearbeitsplatzsystem -
           Werkzeuge zur Oberflächengestaltung
           Dialog-Editor Anwendungsbeschreibung
           SIEMENS (1987)

[STE85]   J. Steiner, G. Steiner
           GEM für den ATARI 520 ST
           Markt und Technik Verlag (1985), Haar bei
           München

[STE87]   H. L. Stern
           Comparison of Window Systems
           BYTE Publications Inc. (November 1987), S. 265-
           271

156 Literaturverzeichnis

[STO87] B. Stork, R. Zellner
Architektur von Bedienoberflächen auf
graphikfähigen Workstations unter UNIX
SIEMENS (1987)

[SWI88] R. R. Swick, T. Weissman
X Toolkit Widgets - C Language X Interface,
X Window System, X Version 11, Release 2
Digital Equipment Corporation (1988)

[TAN86] P. P. Tanner, S. A. MacKay, D. A. Stewart,
M. Wein
A Multitasking Switchboard Approach for User
Interface Management Systems
Siggraph (August 1986), Vol. 20, No. 4, S. 241-
248

[TIT88] J. Titak
Graphikunterstützte   Dialog-Bedienerführung   in
Anwenderprogrammen
TU-Wien, Institut für Datenverarbeitung (1988)

[UAU83] Arbeitsplätze an den Menschen anpassen
Unfallverhütungsdienst der Allgemeinen Unfallver-
sicherungsanstalt

[WAL85] J. Walkenbach
Keyboard Shortcuts
PC Tech Journal (October 1985), S. 131-144

[WAR83] R. W. Warfield
The New Interface Technology - An Introduction
to Windows and Mice
BYTE Publications Inc. (December 1983)

[WEB85] B. Webster
SMALLTALK Comes to the Microcomputer World
BYTE Publications Inc. (December 1985), S. 151-
165

[WEI86]   H. Weiner
Diplomarbeit - WINDOW MANAGEMENT -
Entwicklung eines High Level Window Management
TU-Wien, Institut für praktische Informatik (1986)

[WIF87]   Wirtschaftsförderungsinstitut der Bundeskammer
Ergonomische Arbeitsplatzgestaltung
Schriftenreihe Rationalisieren (1897)

[WIL83]   G. Williams
The Lisa Computer System
BYTE Publications Inc. (February 1983), S. 33-50

[WIL84]   G. Williams
The Apple Macintosh Computer
BYTE Publications Inc. (February 1984), S. 30-54

[WIL88]   T. Williams
Windowlike User Interfaces Link Systems and Applications
Computer Design (April 1988), S. 34-43

Sachverzeichnis

Springers Angewandte Informatik

Herausgegeben von Helmut Schauer

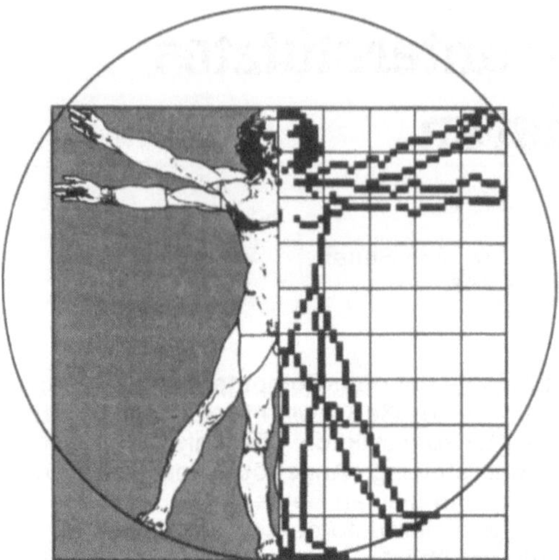

Mensch-Maschine-Schnittstelle in Echtzeitsystemen

Veith Risak

1986. 37 Abbildungen. IX, 171 Seiten.
Geheftet DM 70,—, öS 490,—. ISBN 3-211-81943-6

Preisänderungen vorbehalten

Mensch-Maschine-Schnittstellen (MMS) gibt es, seit der Mensch Werkzeuge und Maschinen benützt. Das begann einst mit Faustkeil, Pfeil und Bogen und reicht heute bis zur Steuerung komplexer Industrieprozesse und Nachrichtennetze.

Von charakteristischen Unterschieden zwischen Mensch und Maschine ausgehend, werden Forderungen an die MMS abgeleitet, und zwar nicht nur für den Normalbetrieb, sondern auch für das Verhalten im Fehlerfall. Der Autor geht auch auf psychologische Fragen ein, die für die Akzeptanz der MMS oft entscheidend sind.

Zur Klarstellung der grundlegenden Problematik der MMS werden nicht nur Schnittstellen zu rechnergesteuerten Systemen behandelt, sondern — am Rande — auch ganz alltägliche MMS, wie z. B. beim Fahrrad, beim Auto oder bei einer Stereoanlage.

Springer-Verlag Wien New York

Springers Angewandte Informatik

Herausgegeben von Helmut Schauer

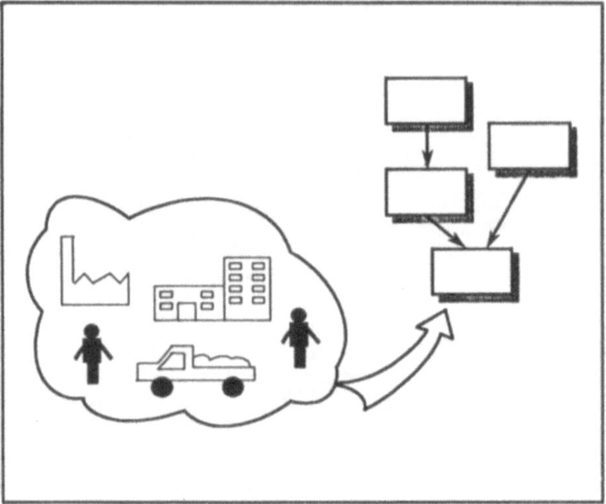

Datenbank-Design

Hermann Kudlich

1988. 177 Abbildungen. VIII, 176 Seiten.
Geheftet DM 52,—, öS 364,—. ISBN 3-211-82018-3

Preisänderungen vorbehalten.

Information als wettbewerbsbestimmende, strategische Unternehmensressource erfordert zunehmend den Einsatz hochwertiger Informationstechnologien. Um jedoch nicht in einem Meer von Daten zu ertrinken, ist es notwendig, Zusammenhänge und Strukturen der Daten zu erkennen und in eine Ordnung umzusetzen. Die Datenbank als Ergebnis dieses Prozesses ist somit ein auf die Ebene der Datenverarbeitung projiziertes Abbild des Unternehmens.
Dieser Sachverhalt wird durch eine allgemein verständliche Darstellung in Verbindung mit praxisnahen, zum Teil alltäglichen Beispielen erklärt.
Alle am Entwurf von Datenbanken Beteiligten, ob Systemspezialisten oder Endbenutzer, werden mit Methoden und Regeln der Datenbank-Modellierung vertraut gemacht. Da sich der Entwurf von Datenbanken in der ersten Phase auf einer logischen, systemunabhängigen Ebene abspielt, werden Interessenten aus der PC-Welt gleichermaßen wie Anwender großer, komplexer Datenbanksysteme, ob relational oder netzwerkartig organisiert, angesprochen.

Springer-Verlag Wien New York